韩山师范学院教授（博士）科研启动基金资助（项目编号QD202107）
国家社会科学基金项目资助（项目编号17BJY041）

中等收入人群增收问题研究

RESEARCH ON THE ISSUE OF INCOME GROWTH FOR
THE MIDDLE-INCOME GROUP

李毅　冯琳琳　鲍江东◎著

经济管理出版社
ECONOMY & MANAGEMENT PUBLISHING HOUSE

图书在版编目（CIP）数据

中等收入人群增收问题研究 / 李毅，冯琳琳，鲍江东著. -- 北京：经济管理出版社，2024. -- ISBN 978-7-5096-9870-9

Ⅰ. F126.2

中国国家版本馆 CIP 数据核字第 20249SG217 号

组稿编辑：申桂萍
责任编辑：申桂萍
助理编辑：张　艺
责任印制：黄章平
责任校对：蔡晓臻

出版发行：经济管理出版社
　　　　　（北京市海淀区北蜂窝 8 号中雅大厦 A 座 11 层　100038）
网　　址：www. E-mp. com. cn
电　　话：（010）51915602
印　　刷：唐山玺诚印务有限公司
经　　销：新华书店
开　　本：720mm×1000mm/16
印　　张：13.25
字　　数：253 千字
版　　次：2025 年 3 月第 1 版　　2025 年 3 月第 1 次印刷
书　　号：ISBN 978-7-5096-9870-9
定　　价：88.00 元

前　言

　　中等收入人群是维护社会稳定的中坚力量，也是释放消费红利的主力军，其受到了党和政府的高度重视。2002年党的十六大报告提出"以共同富裕为目标，扩大中等收入者比重"后，"中等收入人群""中等收入群体""中等收入阶层"等概念出现，并成为学术理论界关注的焦点问题。党的十七大报告提出"使收入分配格局合理有序，中等收入者占多数"，党的十八大报告提出"中等收入群体持续扩大"，党的十八届三中全会强调"增加低收入者收入，扩大中等收入者比重，努力缩小城乡、区域、行业收入分配差距，逐步形成橄榄型分配格局"，党的十九大报告又把扩大中等收入群体问题摆到了更加重要的位置。"十四五"规划进一步明确提出"人均国内生产总值达到中等发达国家水平，中等收入群体显著扩大"的2035年远景目标。2021年8月17日，中央财经委员会第十次会议指出："扩大中等收入群体比重，增加低收入群体收入，合理调节高收入，取缔非法收入，形成中间大、两头小的橄榄型分配结构，促进社会公平正义，促进人的全面发展，使全体人民朝着共同富裕目标扎实迈进。"共同富裕是社会主义的本质要求，如何让青藏地区与全国同步实现共同富裕？如何保障青藏地区中等收入人群持续扩大并稳步增收？这是本书将要解决的问题。本书在此背景下研究青藏地区中等收入人群现状及其变动问题，探寻青藏地区中等收入人群增收的有效路径具有重要意义。

　　本书采用定性分析与定量分析相结合的综合集成方法进行实证分析。定性方法主要是理论研究、中等收入群体的测度方法和标准研究，以及访谈法和问卷调查法。首先，本书深入青藏地区进行调查，对青海省和西藏城市居民及农牧民进行重点调研；同时，对青海和西藏相关政府部门进行访谈，了解相关政策支持、遇到的困难和取得的成绩等。其次，在访谈的基础上，针对中等收入人群增收问题，对青海和西藏主要的政府部门和州县居民进行问卷调查，试图找出中等收入人群的主要收入来源及制约增收的主要因素，为制定促进中等收入人群增收的对策提供参考依据。定量方法主要包括建立数学模型、统计分析和多重比较分析等，主要用于对青藏地区和西北五省中等收入人群的测量，找出制约收入增长的因素，如使用 Eviews、SPSS20.0 和 Stata 等统计软件包。

青藏地区促进中等收入人群收入增长问题的解决必须以生态安全、社会稳定、经济发展为根本目标，在这一目标之下探寻青藏地区建设"橄榄型"社会的实现路径。具体包括：准确界定中等收入规模及其动态演化规律；准确找出中等收入人群收入增长的制约因素；找出中等收入人群收入来源构成的贡献度；突破原有的路径依赖，提出中等收入人群增收的战略思路和若干政策建议。通过研究得出以下结论：

第一，无论是从绝对量还是相对量上看，青藏地区中等收入人群的收入总体上有所上升，中等收入群体队伍有所扩大，响应了国家政策的号召，享受了国家政策红利。此外，青藏地区中等收入人群收入分布整体上仍显著呈"两头大，中间小"的分布特征，基本呈现"哑铃状"分布，距理想的"橄榄型"收入分配结构还有较大差距。中等收入人群相对固定，增收能力有限，如何扩大中等收入人群并实现可持续性增收？如何形成"橄榄型"收入分配格局仍是青藏地区亟须解决的重大问题之一。

第二，利用全国及西北五省份的城乡收入分组数据，采用核密度估计方法对西北五省份中等收入人群的比重进行测度，并利用插值法对西北五省份中等收入人群基尼系数进行计算，研究发现：①陕西、甘肃、青海和新疆中等收入人群比重一直低于全国水平（宁夏缺失数据）；②西北各省份城乡中等收入人群比重相差不大，农村中等收入群体比重小于城镇；③各省份中等收入基尼系数都低于0.4，且整体表现出下降趋势，但中等收入基尼系数基本高于全国水平。

第三，青藏地区城乡家庭年总收入和年总支出分布曲线整体呈现不同形态，青海和西藏内部差异较大，整体呈现出城乡收入差距巨大，城镇收入水平远高于农村。研究发现：与以往研究成果相比，考虑了价格因素之后，青藏地区中等收入上下限的演变趋势和收入分布曲线呈现出不同的特征，且可比价下的中等收入上下限测算更贴合青藏地区实际，这可能是本书的一个创新发现。

第四，不同收入来源对中等收入人群收入差距及收入差距变化的贡献度存在较大差异。由于西藏数据不可获取，笔者根据国家统计局青海调查总队提供的青海入户调查数据，经脱密处理研究发现：工资性收入是各市州城镇中等收入人群的最主要收入来源，其次依次是经营性收入、转移性收入、财产性收入。青海各市州的中等收入农（牧）民收入来源均表现为以工资性收入和经营性收入为主，以转移性收入和财产性收入为辅。

第五，对2006~2019年青藏地区城乡中等收入居民收入差距发展变化轨迹、趋势分析及内部影响进行实证分析，研究结果发现：①青藏地区农村中等收入居民收入呈缓慢增长趋势，但依然远低于城镇中等收入人群收入。城乡中等收入居民的收入差距整体呈上升趋势，收入差距始终为正数，并呈现扩大趋势。②影响青藏地区城乡中等收入居民收入差距变化的主要内在影响因素是转移性收入和财产性收入差距的变化。四种分项收入来源的收入差距扩大会引起青藏地区城乡中等收入居民收入差距扩大，且影响结果和程度不同。人均财产性和转移性收入对收入差距的影响最大，人均经营收入差距的影响最小。

第六，通过现价和不变价对2020~2035年青藏地区城镇和农村中等人群收入预测研究发现：①按照现价预测青藏地区城乡中等收入人群人均收入及收入差距在2020~2035年将呈"指数型"增长，增长速度较快，且青藏地区城镇中等收入人群人均可支配收入远大于农村中等收入人群人均纯收入。②以不变价对2020~2035年青藏地区城乡中等收入人群人均收入及收入差距进行预测，其增长趋势较为平缓，扩大速度缓慢，纳入价格因素后，中等收入人群人均收入预测的未来趋势差距较大，因此其值得关注，避免差距过大。由此可知，不变价下的青藏地区城乡中等收入人群的收入及收入差距预测更符合青藏地区的实际情况，其原因在于不变价城乡中等收入人群人均收入剔除了物价上涨的因素，这一结论可以为未来青藏地区中等收入人群增收战略和政策制定提供更具可操作性的参考建议。

第七，针对青藏地区农畜牧业的特色，提出深入推进农牧业供给侧结构性改革，增加绿色优质农畜产品有效供给。大力发展现代生态农牧业，做强做优特色产业，支持"能人"返乡创业，发展"能人经济"，促进农牧区一、二、三产业融合发展向农业"六次产业融合"发展，实现现代农业的文化、疗养、艺术、生态保养与平衡等功能，推动农牧业产业链建链强链，实现产业链改造升级。推动农牧产品加工业转型升级，创建一批农牧产品加工示范园区和农村（牧区）产业融合试点示范县，带动农牧民就业致富，实现共同富裕。鼓励农牧民采用节本增效技术，支持农牧业废弃物资源化利用，降低农牧业生产成本。用好农畜产品初加工补助政策，延长农牧业产业链条。扶持发展一乡（县）一业、一村一品，通过"能人"引导产业集聚发展。实施"互联网+"现代农牧业，大力发展农牧业电子商务，扩大农畜产品线上交易份额，探索农牧业新型业态。发展休闲农牧业、乡村旅游等新产业新业态，鼓励农牧民共享增值收益，使"能人"带动群众持续增收，使其部分群众进入中等收入人群。

第八，提出了促进青藏地区中等收入人群增收的方向和路径。基于 2021 年习近平总书记视察青海和西藏的讲话精神，结合青藏地区特殊的生态环境、地理环境和人文环境，本书提出了独特的增收路径，建议青藏地区建立健全特色产业体系，逐步实现"六次产业"融合发展，总结出了四条增收路径和八种增收模式，为青藏地区中等收入人群增收指明了方向。

本书的研究贡献或价值体现在两个方面：一方面，丰富和完善相关的理论研究，为收入分配等理论提供了理论素材和有益的补充；另一方面，为青藏地区地方政府在贯彻国家政策、方针时，提供了理论与实践指导，也为青藏地区各级地方政府制定中等收入人群增收政策提供了决策参考，具有较强的针对性和实用性。研究成果对其他地区中等收入人群增收也有一定的参考价值，探索的增收路径也有助于实现青藏地区共同富裕。

诚然，中等收入人群增收问题涉及面广、情况复杂，影响因素也在不断发生变化。因此，对这一问题的研究是一个不断变化和深化的过程，笔者也将继续关注并深入研究这一问题。

总之，只要能够保证青藏地区中等收入人群持续增收并逐渐扩大群体比重，形成"橄榄型"收入分配格局，就一定能更好地维护青藏地区社会稳定，实现共同富裕，让青藏地区人民更好地共享国家经济发展红利。

目　录

第一章　导论

如何促进中等收入人群稳定增长并持续增收、实现 2035 年中等收入人群规模倍增的目标，已经成为学术界和国家层面高度关注的问题。本章主要介绍本书的研究背景及研究意义、国内外研究现状、研究内容、研究思路和方法、创新点等。

第一节　研究背景及研究意义

一、研究背景

中等收入群体是维护社会稳定的中坚力量，也是释放消费红利的主力军，其受到了党和政府的高度重视。2002 年党的十六大报告首次提出"以共同富裕为目标，扩大中等收入者比重"之后，"中等收入人群""中等收入群体""中等收入阶层"等概念①成为学术理论界关注的焦点问题。党的十七大报告提出"合理有序的收入分配格局基本形成，中等收入者占多数"。党的十八大报告提出"中等收入群体持续扩大"。党的十八届三中全会强调"增加低收入者收入，扩大中等收入者比重，努力缩小城乡、区域、行业收入分配差距，逐步形成橄榄型分配格局"等。党的十九大又把扩大中等收入群体问题摆到了更加重要的位置，明确提出了"人民生活更为宽裕，中等收入群体比例明显提高，城乡区域发展差距和居民生活水平差距显著缩小，基本公共服务均等化基本实现，全体人民共同富裕迈出坚实步伐"的目标要求。"十四五"规划进一步明确提出"人均国内生产总值达到中等发达国家水平，中等收入群体显著扩大"的 2035 年远景目标。

---

① 本书将"中等收入群体""中等收入者"和"中等收入人群"视为同一概念，不加区分。

2021 年 8 月 17 日，中央财经委员会第十次会议指出："要坚持以人民为中心的发展思想，在高质量发展中促进共同富裕，正确处理效率和公平的关系，构建初次分配、再分配、三次分配协调配套的基础性制度安排，加大税收、社保、转移支付等调节力度并提高精准性，扩大中等收入群体比重，增加低收入群体收入，合理调节高收入，取缔非法收入，形成中间大、两头小的橄榄型分配结构，促进社会公平正义，促进人的全面发展，使全体人民朝着共同富裕目标扎实迈进。"可见，国家从战略层面高度重视中等收入人群问题。

共同富裕是社会主义的本质要求。提高中等收入群体比例，成为新时代收入分配制度改革的一项重要目标。如何让青藏地区与全国同步实现共同富裕阶段？如何保障青藏地区中等收入人群持续扩大并稳步增收？这是本书将要解决的问题。本书在此背景下研究青藏地区中等收入人群现状及其变动问题，探寻青藏地区中等收入人群增收的有效路径具有重要意义。

二、研究价值

青藏地区经济欠发达、生态环境极端脆弱而又极端重要、多民族聚居、多宗教并存，多文化、多资源、多体制共生，全面建成小康社会的任务很重，这一特征决定了解决青藏地区中等人群收入增长问题的复杂性和特殊性。青藏地区促进中等收入人群收入增长问题的解决必须以生态安全、社会稳定、经济发展为根本目标，在这一目标之下探寻青藏地区建设"橄榄型"社会的实现路径具有重要的理论价值和实践意义。当前青藏地区城乡存在收入差距较大、中等收入群体比重较低的问题，这不仅影响着农牧区经济的发展，在一定程度上也影响了城市经济的发展。

通过对国内外相关文献的梳理发现，结合青藏地区独特的人文环境和地理环境，研究中等收入人群及该群体的收入增长问题，可以丰富和完善相关的理论研究，为共同富裕等收入分配理论提供素材。

中等收入人群的发育程度不仅是一个事关共享理念能否落地、消费内需拉动能否有效提质及维护涉藏地区社会和谐稳定与否的重大问题，而且更是一个事关青藏地区（乃至中国）能否避免陷入"中等收入陷阱"的重大问题。研究中等收入人群的收入增长问题为青藏地区地方政府在贯彻国家政策、方针前提下，提供理论与实践指导，也为当地的中等收入人群提供增收转型的出路，维护青藏地区社会稳定，共享国家经济发展红利。

第二节 国内外研究现状

一、国外研究现状

国外学者对中等收入人群的研究较早且全面，针对"中等收入人群"这个议题的研究主要集中在四个方面：一是解释什么是中等收入人群；二是识别中等收入人群的标准与测算；三是研究中等收入人群的现状与变动趋势；四是如何增收。

（一）国外关于中等收入人群的界定

在国外，"Middle Class"常常被学者用来指代中等收入人群，关于中等收入人群概念的界定在国际研究中有着深厚的历史渊源，最早可以追溯到古希腊学者亚里士多德，他最早用"中等收入阶层"来界定社会中等收入人群。当前国外普遍认可的关于中等收入人群界定有两种：一种是社会学角度，另一种是经济学角度。

在社会学界，从社会结构角度划分中等收入人群主要采用两种理论：一种为社会关系理论，即新马克思主义中等收入人群划分模式，以 Wright（1998）为代表的新马克思主义学派认为，生产关系是划分中等收入人群的根本因素，并将管理、监管、专家、半文凭的管理者、半文凭的监管者定义为中等收入人群。另一种为社会等级理论，即新韦伯主义中等收入人群划分模式，认为社会等级存在高低之分，这些层级的划分与人群的受教育水平、经济水平紧密相关。以 Giddens（1973）为代表的新韦伯主义学派认为，体力劳动者和非体力劳动者是社会阶层划分的基本。

经济学界认为中等收入人群的界定与收入、财富水平之间有直接关系。Milanovic 和 Yitzhaki（2002）将人均日收入介于 10~50 美元的居民界定为中等收入人群，后来在 2010 年 OECD 研究报告中，Kharas（2010）根据消费人群的消费弹性水平提升至 10~100 美元。在以个人财富标准作为界定中等收入人群的研究中，通常使用购买力评价和测算个人财富水平，在瑞信研究院发布的《全球财富报告》中将净资产为 5 万~50 万美元的人群界定为中等收入人群（杨修娜和卓贤，2019）。以个人财富作为界定中等收入人群的标准更容易被学者们接受，原因在于这一界定标准更加稳定。

(二) 国外中等收入人群的标准与测算

西方学者关于中等收入人群的划分标准与测算方法主要分为两大类,即绝对划分标准和测算方法与相对划分标准和测算方法。

绝对划分标准和测算方法主要是以固定的收入水平、财产状况、消费支出等进行划分和测算,如表 1-1 所示。

表 1-1 国外中等收入人群绝对划分标准和测算

代表学者	年份	划分标准与测算
World Bank	2006	人均年收入落入巴西和意大利平均收入水平之间,即人均年收入为 4000~17000 美元 (2000 年购买力平价),或人均每天 12~50 美元
Homi Kharas	2010	日均收入在 10~100 美元
López-Calva 和 Ortiz-Juarez	2014	基于贫困脆弱性,提出人均日收入在 10~50 美元

资料来源:笔者根据文献整理所得。

相对划分标准和测算方法主要是以收入中位数水平的一定区间范围进行划分与测算,如表 1-2 所示。

表 1-2 国外中等收入人群相对划分标准和测算

代表学者	年份	划分标准与测算
Thurow	1984	收入中位数 75%~125%
Birdsall 等	2000	
Pressman	2007	
Ravallion	2010	
Blackburn 和 Bloom	1985	收入中位数 60%~225%
Martinez 和 Parent	2012	收入中位数 50%~150%
Easterly	2001	收入分布中间的 60% 人口
Castellani 和 Parent	2011	排除最穷和最富各 20% 人口的基础上,选取收入中位数的 50%~300%
Burkbauser 等	1996	以贫困线的倍数划分
Foster 和 Wolfson	2010	收入中位数 75%~125%、75%~150% 以及 50%~150%

资料来源:笔者根据文献整理所得。

世界各国因经济发展水平与阶段不同，中等收入人群尚未形成统一的国际划分标准和测算方法，但各国均将收入水平作为划分和测算中等收入人群最常用的指标。同时，中等收入人群的划分标准应是动态的、客观的，即依据不同的时代背景，结合具体地区的实际情况而发生动态的变化。

（三）国外中等收入人群的现状与变动趋势

西方学者基于不同的划分标准与测算方法，对世界各国中等收入人群的现状与变动趋势进行了研究。Aziz 和 Duenwald（2001）利用核密度法估计了中国居民收入分布函数，发现收入分布不断右移且呈现双峰分布的趋势，表明中国中等收入人群规模下降，有向两极分化的变动趋势。Massari 等（2009）也利用相对分布的非参数估计方法，研究中等收入人群的规模变化与收入极化问题。Foster 和 Wolfson（2010）采用部分排序法研究发现，美国中等收入人群规模在 20 世纪 80 年代中期有缩小的趋势。

20 世纪 80 年代，西方发达国家普遍出现中等收入人群缩小的趋势，促使国外学者开始研究造成中等收入人群缩小的原因。国外学者普遍认为，经济增长是缩小收入差距、扩大中等收入人群比重的决定性因素，应营造有利于经济增长的外部环境（Bhalla，2007）。Pressman（2007）还从人口结构、宏观与微观经济因素以及公共政策变化等方面对导致中等收入人群规模下降的原因进行研究。

（四）国外关于收入增长的研究

国外关于增收的研究主要集中于农民收入。Hayami 和 Herdt（1977）指出，农民收入渠道在很大程度上受市场价格因素的制约。美国著名经济学家盖尔·约翰逊（1993）则认为，农业劳动生产率对农村经济发展、农民收入增长具有十分重要的作用。农业的边际产出率低和劳动生产率低是导致农村贫穷、农民收入增长困难的原因之一。Paul 等（2004）研究发现，相较传统的家庭农业，农业的机械化及自动化对于农业生产的效率提升有着促进作用，未来的增收路径应是机械化代替手工化、规模化代替家庭化。Yang 和 Lan（2007）认为，发展多渠道就业，增加非农产业收入是提高农民收入的重要途径之一。Mishra 和 El-Osta（2008）提出，保证农村居民获取受教育机会对于提供农业循环发展以及提高农户收入水平有促进的可能性。Shi 和 Zhang（2014）认为，财产性收入也是当前农民增收的一个重要渠道。

二、国内研究现状

相比国外学者的研究，国内学者关于中等收入人群的研究较晚，大多借鉴了国外的研究思路和成果。

（一）国内关于中等收入人群概念的界定

我国学术界目前对中等收入人群概念的界定有很多但还未形成统一标准，李培林（2007）认为，中等收入人群既有经济发展的概念又有收入分配的概念。我国经济学家一般使用消费水平或收入水平等单一化指标界定，社会学家普遍采用多元化指标界定。

收入水平在一定程度上可以反映居民消费水平、职业类型、受教育程度以及生活方式等，也是影响居民社会阶层、认同感的最主要因素（李培林，2007）。因此，经济学家多采用收入水平作为界定中等收入人群的主要指标，收入水平处于中等、生活相对富有且比较稳定的群体为中等收入人群，但各地区应依据地区的经济发展状况而有所不同，全国不应采取统一的标准（徐红明和王军，2009；苏海南，2003）。杨宜勇（2010）在界定中等收入人群时，看的是可持续收入能力，而不是消费水平或财产。李强（2001）以生活水平和财产地位界定中等收入人群。顾纪瑞（2005）、国家发展改革委宏观经济研究院课题组（2005）均以一定时期内收入处于社会中等收入水平进行界定。

职业标准已成为社会学家界定中等收入人群的重要指标之一。陆学艺（2002）从政治、经济以及社会文化不同视角对中等收入人群进行界定，即具有较高收入水平和消费能力，以从事脑力劳动为主，有一定知识与职业声望，且有公民公德意识与社会地位。李培林（2003）、张翼（2008）采用包括收入水平、生活质量、职业类型、教育资本，以及收入分配结构等可操作性强且影响较大的综合指标进行界定。李春玲（2003）从收入水平、职业类型、消费水平及主观认同四个方面进行界定。周晓虹（2006）从收入、职业、教育三个指标综合界定中等收入人群。

（二）国内关于中等收入人群的划分标准与测算

国内学者关于中等收入人群的划分标准与测算方法主要借鉴了国外关于中等收入人群的划分标准与测算方法，在以绝对指标与相对指标为主的基础上，增加了恩格尔系数等辅助指标。

经济学家以收入水平作为划分中等收入人群的主要指标，因研究视角与研究目的不同，采用了不同的测算方法，如表1-3所示。

表 1-3 国内中等收入人群单一指标划分标准与测算

代表学者	年份	划分标准与测算
徐建华等	2003	全距法，人均年收入的中值为中心，最高收入水平与最低收入水平之差为全距，中值加减全距的 1/6 来测算中等收入人群区间范围的上下限
狄煌	2003	家庭人均年收入在 1 万~4 万元，即下限接近于职工的年平均工资水平，略高于人均 GDP 同时恩格尔系数在 25% 以下，接近国际平均标准线
国家统计局城调总队课题组	2005	家庭（平均一家三口）年收入 6 万~50 万元
李培林和张翼	2008	居民平均收入水平至居民平均收入水平的 2.5 倍
常兴华和李伟	2012	人均年收入在 2.2 万~6.5 万元（2010 年价格）
国家发展改革委社会发展研究所课题组等	2012	外推法，以预测的 2020 年收入水平作为识别标准
龙莹	2012a	收入中位数的 75%~125%、50%~125%、75%~150% 为标准
曹景林和邸凌楠	2015	

资料来源：笔者根据文献整理所得。

社会学家认为只利用单一指标来界定中等收入人群缺少稳定性，因此社会学家根据不同指标多个维度划分中等收入人群，如表 1-4 所示。

表 1-4 国内中等收入人群综合指标划分标准与测算

代表学者	年份	划分标准与测算
李春玲	2003	收入水平、职业类型、消费水平及主观认同四个维度，测算收入中等水平、职业中等水平、消费中等水平及主观认同中等水平
郑功成	2016	收入、资产、消费、安全感
李强和赵罗英	2017	收入、资产、消费结构、生活方式、主观生活态度

资料来源：笔者根据文献整理所得。

（三）国内关于中等收入人群的现状与发展趋势

国内学者关于中等收入人群的现状与发展趋势形成了较为一致的观点，均认为中国的中等收入人群规模小、比重低、不均衡、力量薄弱，未形成现代化社会结构，不能与现代化建设进程相适应。

纪宏和陈云（2009）、朱长存（2012）从中等收入人群比重变动的视角，研究中等收入人群比重及各部分的变动情况，利用非参数方法中核密度估计收入分布函数，测算中等收入人群比重，构建中等收入人群比重变动的因素动态分解方法，将影响比重变动的因素分解为增长效应、分配效应以及标准效应。

胡雪峰和王鹤（2009）从两极分化的角度，对中等收入人群比重下降给出了解释，发现高低收入人群之间收入差距在不断扩大。刘婧等（2009）发现收入分布呈现出双峰或多峰状况。罗楚亮（2010）利用认同—梳理框架以及两极分化指数，研究中国的中等收入人群以及两极分化问题。龙莹（2012）发现，中等收入人群比重不断下降，而收入两极分化程度却不断提高，收入分配不平等程度加深，城镇两极分化程度大于农村地区。

中国的中等收入人群规模虽在不断扩大且速度也在不断加快，但总体力量较弱、比重偏低，要想构成以中等收入人群为主体的社会结构需要一段相当长的时间，也面临着许多问题。例如，收入分配不均、城乡二元结构问题严重、税负过重以及教育投资不足等问题（李春玲，2008）。

（四）国内关于增加收入的建议的研究

国内有关增加收入的研究主要集中在居民收入增长和农民收入增长。

国内学者围绕稳定及扩大就业、建立工资合理增长及决定机制、提供保障及补贴、加大人力资本投资等方面，在理论层面提出了若干居民增收建议。吴晶英（2010）提出要通过稳定现有就业局面同时增加就业机会来增加居民收入，具体来讲要加快第三产业发展、扩大小城镇就业渠道、支持和鼓励劳动者自主创业。赵永炜（2010）、任碧云和王智茂（2009）、常兴华（2012）等认为建立合理的工资增长及决定机制是居民增收的主要途径，这需要依靠工资民主协商手段和政府适当的行政管理。张长生（2010）从提高低收入群体的收入水平以提高居民整体收入水平的角度提出了居民增收建议：要逐步提高"三条"保障线、根据不同收入群体采取差额转移支付。不少学者还指出，居民要想快速实现增收还要加大对自身人力资本的积累，认为增加教育和健康投入可以为居民带来更多、更好的就业机会。

国内许多学者从不同角度分析和研究并提出解决农民收入增长问题的思路。杜华章（2011）运用灰色关联分析，对江苏省城镇化水平与农民人均可支配收入进行实证研究，表明城镇化水平对农民收入有正向促进作用。许晓蕊（2011）认为，当前我国农村经济发展应该从转移农村剩余劳动力入手，逐步提高农民素质，加大资金和科技人才的引进力度和政策扶持，发展贵州农村经济使其走向成熟化、一体化、规模化。杨仁德（2012）指出，在确保农民收入的同时，还应该把握时机搞活农村的经济来源。杨青贵和王祎（2013）认为，尽管国家对"三农"实施了各种补贴，但其采取的以种植面积等为主要指标，未能有效缓解无地、少地农民等弱势群体境况，且快速上涨的物价往往会抵消部分补贴优惠。所以，国家应当适当加大财政支农力度，给予农民更多补贴，有利于缩小城乡差距，实现农民增收。贾艳敏（2014）认为，农业合作化的发展程度会直接影响农民的个人利益。吕新业和冀县卿（2013）指出，中国粮食问题取决于科技投入的增加，带动粮食单位产量增加，从而促进农民增收，因此应提高农民积极性、共同维护粮食安全保障。秦晖（2016）认为，解决农民的各种权利问题是解决"农民问题"的关键，划清农民的各种权利有助于保护农民利益。

三、研究综述评析

纵观国内外学术界，对中等收入人群概念的界定、测算标准以及现状的探究已经有了相当丰硕的理论成果，为本书提供了丰厚的参考资源和思想借鉴。但从整体上看，还存在以下几个问题：

一是对中等收入人群没有明确的界定和标准。由于对中等收入人群的界定缺乏量性和质性的规定，使中等收入人群划分标准不统一，对本书内容的深入研究产生了影响。

二是缺乏对促进中等收入人群收入增长的路径分析。针对促进中等收入人群收入增长方面，相关研究甚少，大部分研究主要集中于对低收入居民和农民的收入增长，对中等收入人群的研究主要集中在扩大规模比重即"扩中"方面，对如何促进中等收入人群收入的增长，即"增中"，缺乏研究探析。

三是缺乏在不确定的经济环境下维持中等收入群体收入增长、规模扩大的相关对策，忽视了对中等收入群体收入增长中的相关解释变量的研究。例如，当一个发展持续向好的经济社会突然遭遇疫情，经济环境总体不佳，一些企业停产或倒闭，这必然会导致一大批人员失业，可能因此导致原本处于中等收入的群体滑落一个收入档次。那么针对此类情况，政府应该如何保证"橄榄型"的社会结构稳定，也值得深入探究。

总之，中等收入群体问题已经成为当前学术界关注的热门话题，但专门针对青藏地区的研究尚不多见。同时，在对实现"中等收入群体"收入增长问题路径选择的文献梳理时发现：提出的路径选择多是广泛性的对策建议，似乎有种"放之四海而皆准"的感觉，而针对某个区域或地区的具体性的对策建议较少。本书将结合青海和西藏实际，借鉴以往的研究文献，利用科学的方法对青藏地区中等收入群体做出精确测度，提出具有针对性和可操作性的对策建议，旨在为青藏地区促进中等收入人群收入增长寻找到适合的途径，为政府提供决策参考。

第三节　研究内容、思路方法和创新之处

一、研究内容

（一）研究对象

青藏地区位于祖国的西南部，地处"世界屋脊"青藏高原。青藏高原在行政区划上包括青海省和西藏自治区以及甘肃、新疆、四川和云南等边缘地区。考虑到研究的便利，本书中的青藏地区主要指青海与西藏。其中，中等收入群体是城市经济和社会发展的最重要、最稳定的群体。他们的存在对城市经济的发展、社会的稳定与和谐起到了至关重要的作用。因此，本书的研究以青藏地区的中等收入人群为研究对象，数据截至 2019 年。

（二）中等收入人群的界定

综合学者观点，本书考虑到研究数据的可得性，借鉴陈云（2009）的做法，采用均值划分法作为中等收入界限测算方法来界定青藏地区中等收入人群（详见第三章），调查问卷数据收集的是 2019 年数据；借鉴龙莹（2012）的测度方法，采用中值法来测度西北五省份的中等收入人群标准（详见第四章）。

（三）研究的主要内容

本书分九章进行研究，具体内容如下：

第一章是导论。介绍了本书的研究背景及研究意义、国内外研究现状、研究内容、研究思路和方法、创新之处等。重点介绍了中等收入人群国内外的界定及主要关注的研究内容，为本书的深入研究奠定了坚实基础。

第二章研究了中等收入人群划分的理论与测量方法。首先介绍了本书要用到的主要理论：共同富裕理论、公平和效率理论、城乡二元经济结构理论和收入分配理论；其次重点介绍了国内外中等收入人群的测量指标和方法。

第三章研究了青藏地区中等收入人群判定及规模测度。首先对青藏地区中等收入人群进行了测度；其次对青藏地区中等收入人群的规模进行了测算；最后总结了中等收入人群的基本特征并提出建议。

第四章对西北五省份中等收入人群进行了比较研究。首先对西北五省份中等收入人群进行了测度；其次对西北五省份中等收入人群基尼系数进行了比较，得

出了研究结论并提出相关建议。

第五章测算了青海省中等收入人群收入来源构成的贡献度。首先分析了中等收入人群收入来源构成；其次对中等收入人群收入来源贡献度进行了测度，总结了中等收入的结构特征；最后本书以青海省数据（经脱密处理）为例测算了收入结构各构成要素对中等收入人群增收的贡献度；最后得出研究结论并提出相关政策建议。

第六章是青藏地区中等收入人群收入增长的内在影响因素分析。首先对中等收入人群收入增长的发展轨迹及趋势进行了分析；其次对中等收入人群收入增长的内在影响因素进行了实证分析；最后得出结论并提出相关建议。

第七章对青藏地区中等收入人群的收入进行了预测，并分析了其演变特征。首先选择预测模型，通过三种预测模型进行比较；其次按照现价和不变价两种方法进行预测；最后得出按照不变价预测的结果更符合青藏地区实际的结论。

第八章是促进青藏地区中等收入人群收入增长的思路与路经。从宏观和微观两个层面提出增收思路和对策，重点围绕 2021 年习近平总书记视察青海和西藏指出的未来发展方向为出发点，遵循生态优先的前提下寻找增收具体路径。

第九章是研究结论与展望。主要对本书的研究内容进行归纳总结，并提出未来研究方向。

（四）主要目标

青藏地区促进中等收入人群收入增长问题的解决必须以生态安全、社会稳定、经济发展为根本目标，在这一目标之下探寻青藏地区中等收入人群增收和建设"橄榄型"社会的实现路径。具体包括：

（1）准确界定中等收入规模及其动态演化规律。

（2）准确找出中等收入人群收入增长的制约因素。

（3）找出中等收入人群收入来源构成贡献度。

（4）突破原有的路径依赖，提出中等收入人群增收的战略思路和若干政策建议。

二、思路方法

（一）基本思路

本书坚持"问题导向"的研究思路，以青藏地区促进中等收入人群收入增长存在的突出问题为导向，以实现经济发展、生态安全和社会稳定为出发点和落脚点，自党的十六大以来关于"扩大中等收入群体比重"的精神、习近平总书记提出的"六个必须",以及青海省和西藏自治区政府相关文件为指导,借鉴国外和国内其他省份的经验和做法,结合 2021 年习近平总书记视察青海和西藏的讲话精神,密切联系青藏地区实际提出促进青藏地区中等收入人群收入增长的路径和政策建议。研究思路和技术路线如图 1-1 所示。

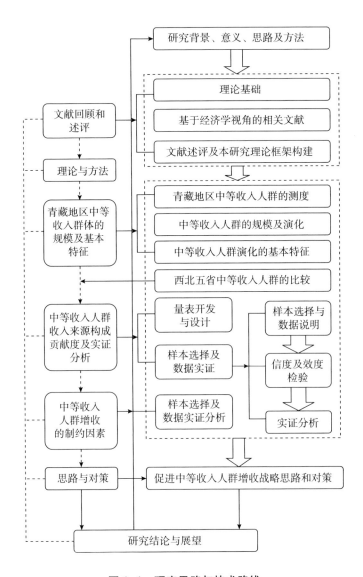

图 1-1 研究思路与技术路线

（二）研究方法

本书采用定性分析与定量分析相结合的综合集成方法进行实证分析。

1. 定性方法

主要是理论研究、中等收入群体的测度方法和标准研究，以及访谈法和问卷法。首先，本书深入青藏地区进行调查，对青海省和西藏自治区城市居民和农牧民进行重点调研；对青海省西宁市和西藏自治区拉萨市部分市民进行随机访谈；深入青海和西藏主要（典型）地区进行调研，重点对青海省的湟中区、湟源县、循化县、平安区、乐都区、大通县、民和县、共和县、格尔木市、德令哈市、贵德县、果洛州、玉树州、海北州、黄南州等部分居民进行随机访谈。同时，对青海和西藏相关政府部门进行访谈，了解相关政策支持、遇到的困难和取得的成绩等。其次，在访谈的基础上，对重点问题进行问卷调查。针对中等收入人群增收问题，对青海和西藏主要的政府部门和州县居民进行问卷调查，试图找出中等收入人群收入的主要来源及制约增收的主要因素，为制定促进中等收入人群增收的对策提供参考依据。

2. 定量方法

主要包括建立数学模型、统计分析和多重比较分析等对青藏地区和西北五省中等收入人群的测量和比较，找出制约收入增长的因素。主要使用 Eviews、SPSS20.0 和 Stata 等统计软件包。

三、创新之处

（一）研究视角上的创新

本书的研究以青藏地区为研究地点，依托该地区独特的人文环境和地理环境特点，为本书的研究提供新的视野。针对青藏地区中等收入人群研究中鲜有学者深入剖析中等收入人群收入结构、收入来源对收入增长演化路径影响的研究，着重分析中等收入人群收入增长的演化轨迹及收入来源在增收中扮演的角色。从不同收入来源考察，估量这些收入来源对中等收入人群增收的贡献，并采用三种预测模型预测收入变化情况，分别以现价和不变价预测中等收入人群增收情况，得出不变价预测更符合青藏地区实际的结论。

（二）相关理论的补充

因青藏地区情况特殊，地广人稀，少数民族多以地域性聚集方式生活，国家及地方都有一些特殊的经济扶持政策和民族政策，因此研究的结果在一定程度上可以补充验证共同富裕理论等相关收入分配理论，同时提出的一些具有针对性的政策建议和解决方法及途径，也可以补充我国民族地区收入分配理论素材。

（三）研究结论与对策建议的创新

第一，研究发现，与以往研究成果相比，考虑了价格因素后，青藏地区中等收入上下限的演变趋势和收入分布曲线呈现出不同的特征，且可比价下的中等收入上下限测算更贴合青藏地区实际，这是本书的一个创新发现。

第二，青海和西藏城镇家庭收入分布均呈"双峰型"，基本向中间收入靠拢，而青海和西藏农村家庭收入分布均呈严重"左偏倒钩"或"右侧拖尾"特点。由此可见，青藏地区城乡收入差距问题仍然十分显著，城乡收入差距较大，城镇收入远高于农村。

第三，青藏地区大多自然条件艰苦、环境恶劣，中等收入群体生活可能存在很大的不稳定性和风险性，因此更需要完善的社会保障制度作后盾。在总结国际国内中等收入人群增收经验的基础上，提出了四条适合青藏地区中等收入人群增收的路径和八种增收模式。青藏地区相关实践经验将成为我国特别是欠发达地区促进中等收入人群增收和促进社会公平的重要样本，具有十分重要的现实意义。

第二章　中等收入人群划分的理论与测量方法

本章主要介绍本书要用到的主要理论——共同富裕理论、公平和效率理论、城乡二元经济结构理论和收入分配理论，讨论国内外中等收入人群主要的测量指标和方法。

第一节　主要理论基础概述

一、共同富裕理论

共同富裕指允许和鼓励一部分地区和一部分人先发展和先富裕起来，由先富带动后富，最终实现共同富裕。共同富裕就是消除两极分化和贫困基础上的普遍富裕，体现了社会主义的根本目的和根本原则。从中等收入的角度来看，共同富裕理论突出体现在中等收入群体的比重上。中等收入群体是高收入群体与低收入群体之间的缓冲层，提高中等收入群体比重，是实现共同富裕的必由之路，是对邓小平共同富裕理论的进一步丰富，对于促进经济发展和实现最终富裕目标有着重要的现实意义。

二、效率和公平理论

效率和公平是经济社会追求的两大主要目标，效率和公平问题是我国当今社会矛盾的集中体现，处理好效率和公平的关系问题，也是缩小不同收入群体之间收入差距、调节不同收入群体之间矛盾的重要方面。我国在收入分配政策的制定方面，在不同发展阶段，效率与公平两者之间的侧重点一直在变，这也成为我们制定合理的收入分配政策的理论依据。

三、城乡二元经济结构理论

城乡二元经济结构是指一个国家或地区并存着现代生产部门和传统生产部门，现代生产部门运用现代生产体系从事生产和经营活动，传统生产部门主要依靠手工和半手工劳动。城乡二元经济结构在我国各地广泛存在，表现为城乡发展的不平衡，直接产生了城乡二元收入状况不平衡。考虑到我国城乡二元经济结构带来的二元收入结构，本书在讨论收入分布、划分群体时，依据城乡二元经济结构理论，城乡分开进行描述和讨论。

四、收入分配理论

收入分配理论主要包括功能收入分配和规模收入分配两类。功能性收入分配又称要素分配理论，是指生产要素的投入及其所得收入之间的关系，反映的是收入的微观层面；规模收入分配也称居民（或个人）收入分配，主要研究人口规模及其所占有的收入比重、收入分配差距、收入的均等化程度等，反映的是收入的宏观层面。两种收入理论为后文从微观和宏观两个层面研究影响中等收入群体的因素和特征提供了理论借鉴。

2021 年 8 月 17 日，中央财经委员会第十次会议召开，会议议题之一是研究扎实促进共同富裕问题。未来，初次分配、再分配、三次分配协调配套将成为我国新的基础性制度安排。"三次分配"作为调节收入分配、实现共同富裕的有效路径。

第二节　中等收入人群的测量指标和方法

本章重点讨论中等收入群体研究的方法基础，对分布测度法、分位数回归方法、收入群体比重变化的宏观动态分解、收入变动的微观因素分解方法进行评述，并对如何将这些方法应用于我国中等收入群体现状与变动的研究进行探讨和分析。

一、国外关于中等收入人群的测量指标和方法

国外中等收入人群的测量指标和方法，如表 2-1 所示。

表 2-1　国外中等收入人群的测量指标和方法

研究方法	学者	年份	所用指标
客观测度法	Gordon	1958	经济地位、职业类别
主观认同法	Centers	1949	自我评价、公众声誉
综合判定法	Warner	1947	阶层特性指标
部分排序法	Foster 和 Wolfson	2010	经济地位排序
职业研究法	Goldthorpe 等	1987	职业类别
核密度估计法	Jenkins	1995a	居民平均收入
非参数方法	Massari 等	2009	中等收入群体规模
两极分化曲线	Foster 和 Wolfson	2010	一、二阶两极分化曲线

资料来源：笔者根据文献资料整理。

（一）客观测度法

客观测度法就是用观察对象的客观特性作为衡量标准，对中等收入阶层进行界定的方法，而且这种客观特性是可以明确量度并能严格区分的。既可以用单个客观指标，如经济收入法、消费指标法和职业决定法；也可以用多个客观指标进行界定，如社会经济地位量表等。客观测度法以 Gordon（1958）的社会经济地位测量表和职业类别尺度为代表。

（二）主观认同法

主观认同法是采取由被访者凭借自己的主观认识和判断，对自己或别人所属阶层进行界定。对中等收入阶层的主观认同，就是主观地判断自己或某人是否属于中等收入阶层。主观认同法主要包括自我评价法、公众声誉界定法、职业声望测量法等。主观认同法以 Centers（1949）提出的阶级意识自我评价法和华纳的公众声誉法为代表。

（三）部分排序法

Foster 和 Wolfson（2010）采用部分排序法来测度中产阶级，研究表明在 20 世纪 80 年代中叶，美国的中等收入阶层的规模和相对影响出现下降的趋势；另外，巴西、阿根廷、马来西亚、泰国等国家在相继进入中等收入国家行列后就陷入了"中等收入陷阱"，致使这些国家出现了经济长期停滞的局面。

（四）职业研究法

一些学者从社会学的角度测度中等收入群体，常用的是从职业角度进行研究，把职业作为划分中等收入群体的重要测度指标，主要的代表学者包括 Goldthorpe 等（1987）、Erikon 和 Goldthorpe（2002）、Wright（1979）。

（五）核密度估计法

Jenkins（1995）对英国 20 世纪 90 年代收入分布数据采用核密度估计方法，研究结果表明：居民平均收入增加的同时伴随着不平等的增加，且中等收入人群明显减少。McDonald（1984）通过实证研究认为，在各种常用的收入分布中，居民收入分布的中间部分接近于对数正态分布。Aziz 和 Duenwald（2001）通过核密度估计方法对中国部分省份在 1978 ~ 1997 年的收入分布的概率密度函数进行了估计，并得到结论：在居民收入分布演变的过程中，收入分布不断右移表明经济增长。

（六）非参数方法

Massari 等（2009）采用相对分布的非参数方法研究中等收入群体规模变动和收入极化问题。

（七）两极分化曲线

Foster 和 Wolfson（2010）在分析加拿大和美国中等收入阶层的时候，摒弃了常用的以中位数为中心的某个固定区间做法，即固定人数（如中间 60% 人口的收入区间）和固定收入端点（如中位数收入的 75% 为下限，125% 为上限），而是引入了随机占优的思想，提出了一阶、二阶两极分化曲线的概念。

二、国内关于中等收入人群的测量指标和方法

国内中等收入人群的测量指标和方法，如表 2-2 所示。

表 2-2　国内中等收入人群的测量指标和方法

研究方法	代表学者	年份	所用指标
职业研究法	李强	1992	经济收入、职业、教育
	陆学艺	2010	组织、经济和文化资源
收入界定法	李强和徐玲	2017	人均收入 3.5 万 ~12 万元、家庭收入 6.9 万 ~23.6 万元、人均可支配收入 2 万 ~6.7 万元
	国家统计局	2012	人均 GDP 起点（3470 美元）和上限（8000 美元）
	国家发展改革委	2017	人均可支配收入 2.2 万 ~6.5 万元

续表

研究方法	代表学者	年份	所用指标
消费排序法	李培林和张翼	2000	消费结构
	李培林	2007	消费水平、取向、模式
客观测度法	李培林和张翼	2005	收入、职业和教育资本
	周晓虹	2006	经济、职业、教育
相对标准法	李培林和朱迪	2015	收入水平和人口比重
	刘欣	2007	资产权、技术资产
绝对标准法	纪宏和陈云	2009	人均年收入 3 万~8 万元
	王开玉和方金友	2006	人均收入 3000~8000 元
	李春玲	2017	日人均收入 10~100 美元
非参数方法	龙莹	2012	中位数附近的 75%~125%
	李实	2017	中值的 60% 作为下限，取中值的 200% 或者是 300% 作为上限

资料来源：笔者根据文献资料整理。

（一）收入界定法

李强和徐玲（2017）采用中国人民大学中国综合社会调查数据（CGSS2013）和北京大学中国家庭追踪调查数据（CFPS2013－2014）计算得出，人均年收入 3.5 万~12 万元、家庭年收入 6.9 万~23.6 万元、人均可支配收入 2 万~6.7 万元作为中等收入群体或"收入中产"的界定标准。按照这样的标准，我国中等收入群体占比分别为 19.7%、21.0%、21.9%。国家统计局城调总队的抽样调查报告（2005）显示，世界银行公布的全球中等收入阶层的人均 GDP 起点（3470 美元）和上限（8000 美元），将这两个数据经过三重换算（人均 GDP 与人均收入之间的换算、美元与人民币之间的汇率换算、购买力评价标准的换算）后得出的数据，再结合我国地区间居民家庭收入差距较大的现实，界定我国城市中等收入群体家庭年均收入标准为 6 万~50 万元（以家庭平均人口 3 人计算）。国家发展改革委社会发展研究所课题组等（2012）提出，中等收入者是指一定时期收入及生活水平稳定保持在中等或相对平均水平的居民群体。这一概念具有发展和收入分配的双重内涵。课题组综合考虑现阶段及我国达到全面小康时（外推法预测）的城乡居民收入水平、城乡收入差距变化及城市化进程等因素，参照世界银行标准，采用人均可支配收入（农村居民则为人均纯收入）口径得出，人均可支配收入 2.2 万~6.5 万元（以 2010 年为基期）可算作中等收入者。国家发展改革委社会发展研究所课题组等（2012）计算得出，2010 年，全国中等收入者人口比重为21.3%，城镇和农村相应的比重分别为36.8%和5.8%。

（二）消费排序法

李培林和张翼（2000）认为，消费结构是更能反映真实情况的分层指标，职业和收入作为社会分层的主要指标具有很大的局限性。李春玲（2007）认为，当今社会分层领域研究中，越来越多的社会学家重视消费分层的地位，将其作为社会分层的一个相对独立的维度。消费分层的测量指标特殊且复杂，包括消费水平、消费取向、消费模式、消费品位以及生活方式等。要确定一个简单而又有效的指标，有一定的难度。她根据各个家庭拥有家用电器和耐用品数量，计算出一个家庭耐用品指数，并采用这一指数作为当前中国社会消费分层的指标。研究结果显示，城镇地区的消费分层已展现出菱形或纺锤形状（存在着较庞大的消费中间层），而农村地区是典型的消费金字塔结构；各消费层成员内部消费水平的同质化程度较低；在大城市中，各消费层成员在发展着特殊的消费品位和取向，阶层化的消费文化开始显露端倪。

（三）客观测度法

李培林和张翼（2000）采用中国城市户籍人口的平均收入线作为参照基准，将高于平均收入2.5倍及以上的收入群体定义为"高收入者"，将低于平均收入线50%及以下的收入群体（这个标准在发达国家通常被定义为"相对贫困"）定义为"低收入层"；将低收入的上限到平均线之间群体定义为"中低收入层"；将平均线以上到平均线的2.5倍的人群定义为"中等收入层"。他们将家庭年人均收入在35001元以上的定义为高收入家庭，在14001~35000元的定义为中等收入家庭，在7001~14000元的定义为中低收入家庭，在7000元以下的定义为低收入家庭。如果用收入这个单一指标来测量，中国目前家庭年人均收入在14001元以上者占17.8%，在7001~14000元的中低收入层占24.8%，在7000元以下的低收入层占57.4%。如果用职业、收入和教育三项指标界定的中等收入阶层，即比较宽泛地定义的中等收入阶层占社会成员的25.8%（老中产阶级，即私营企业主和个体企业经营者数量抬升了该数字）。其中三个维度都符合"中层"标准的"核心中产阶层"只占3.2%，符合其中两项"中层"标准的"半核心中产"占8.9%，仅仅符合一项"中层"标准的"边缘中产阶层"占13.7%。所以，如果将符合其中两项标准者认定为"中产"，则中国当前的中等收入阶层大约占12.1%。周晓虹（2005）将经济、职业、教育三个指标结合起来，认定同时满足经济条件、职业条件和教育层次的人群属于中等收入阶层。他们设定的条件：一是经济上月收入5000元；二是职业为事业单位管理或技术专业人员、党政机关公务员、企业技术人员、经理人员、私营企业主；三是接受过大学本科及以上教育。研究显示，当代中国城市中等收入阶层的有效百分比是 11.9%。

（四）相对标准法

李培林和朱迪（2015）认为，使用相对标准来定义中等收入者较为恰当，可以排除货币购买力差异带来的干扰，从收入水平和人口比重两个维度来分析中等收入者。他们使用收入分位值的指标，将城镇居民收入分布的第 95 百分位定义为收入上限，将城镇居民收入分布的第 25 百分位定义为收入下限。基于中国社会状况调查数据（CSS），得出 2013 年我国中等收入者占城镇居民的 25%。刘欣（2007）认为，对中等收入阶层的界定，只有将其置于现代社会的整体阶层结构中，仅从收入、职业声望、财富等有价社会资源的相对占有量来界定中等收入阶层是没有意义的。他认为中产阶层可划分为中产上层和中产下层。党政事业单位的中层领导干部、中层国企经理、小业主、民营企业经理、高级专业技术人员等构成了中等收入阶层上层，约占城市人口的 7.6%；低级职务的党政事业单位的干部、低级专业技术人员、有行政定级的职员办事人员、国企基层管理者、私营企业中的低层管理者、私营小企业经理等构成了中等收入阶层下层，约占城市人口的 22.8%。

（五）绝对标准法

纪宏和陈云（2009）指出，采用核密度估计方法对中等收入者比重进行测度最适合，并提出了中等收入的相对标准和绝对标准之分。绝对标准，指一定时期内国际较为公认的中等收入水平；相对标准，指一定时期内全部居民中平均收入左右的收入水平。设定绝对标准的意义在于便于国际比较。但是，各国对中等收入的划分没有统一标准，且各个时期标准也不一样，因此，各国通常会考虑本国居民收入的实际情况和经济发展目标来确定本国的中等收入标准。他们利用模型测算出：我国中等收入的绝对标准约为人均年收入 3 万~8 万元，2005 年我国绝对标准的中等收入者比重仅为 3.8%。他们又利用居民收入众数边界值作为参考，测算出我国中等收入的相对标准。例如，2005 年我国中等收入的相对标准为 6761~13612 元；全国相对标准的中等收入者比重为 28.5%，城镇为 37.6%，农村为 24.7%。李春玲（2017）指出，绝对标准模式和相对标准模式是测定中等收入群体比较流行的方法，但二者所定义的中等收入群体的内涵极不相同。绝对标准模式，是指依据维持相应生活水平所需要的收入多少来设定中等收入群体的收入上限和下限。因适用范围不同，绝对标准模式又常采用全球标准和国别标准两种策略。她认为，目前研究者多采用全球标准，或参照全球标准根据不同国家的实际情况略做调整。全球标准，通常是以世界银行贫困线为参照系，日人均收入10~100美元是中等收入群体。有些学者认为，日人均收入10~50美元、10~60美元、10~80美元为中等收入群体。美国皮尤研究中心2015年的研究报告将日人均收入10~20美元定义为全球中等收入群体。按此标准，他们的研究报告估算了2011年全球人口的13%是中等收入群体，还估计了2001~2011年，中国中等收入群体比例从3%增至18%；印度中等收入群体从1%增至3%。她认为，绝对标准模式更适合发展中国家和低收入国家；相对标准模式更适合发达国家和高收入国家。王开玉和方金友（2006）提出界定中等收入者的几个主要原则：一是应以个人较稳定的年收入标准为主，同时参考家庭收入、家庭财产和生活质量；二是考虑到城乡二元结构、城乡居民收入差距较大等因素，对中等收入者的界定要分城镇和农村两种人群，按城镇和农村不同的标准来划分中等收入者；三是中等收入者人均收入水平应略高于当地平均水平，并对照党的十六大提出的全面建设小康社会2020年人均GDP目标划分。按照上述原则，他们提出了三种划分方法：收入法、实证法、实地调研法。运用收入法，他们将年人均纯收入3000~8000元界定为农村中等收入者，将年人均纯收入10000~25000元界定为城镇中等收入者。依此标准，2002年安徽省农村中等收入者比重约为17%，城镇中等收入者比重约为13.5%。

（六）非参数方法

陈新年（2005）认为，中等收入者是指一定时期收入保持在中等及生活较富裕、生活水平相对稳定的居民群体。他将收入指标作为划分中等收入者的标准，以家庭年收入为标准梳理了一些国家中等收入群体的划分标准，他根据国情和发展阶段以及一定的国际可比性原则，提出我国中等收入者的划分标准为个人年收入3.4万~10万元、家庭人均可支配收入1.8万元的测量方法。龙莹（2012）认为，中等收入群体的界定应该具有综合性、相对性、动态性等特征。她梳理了中等收入群体划分的三个标准：一是按收入或者资产划分，国内外学者和机构多采用收入指标划分中等收入群体；二是按生活质量划分，主要从消费支出结构考察，以恩格尔系数作为居民消费水平的基本标准进行划分；三是按主观认同标准进行划分，又可具体分为自我评价法、公众声誉界定和职业声望测量三种不同的测量方法。她采用Foster和Wolfson（2010）提出的现代非参数方法，根据部分排序法确定中等收入群体的划分标准（如中位数附近75%~125%），并根据收入分布确定中等收入群体的比重。她运用此方法并以城镇居民家庭人均可支配收入为口径，测算了1992~2008年北京市城镇居民中等收入群体变化的比重。李实

（2017）指出，中等收入群体一般指收入保持在全社会中等水平、就业相对稳定、生活相对宽裕的群体。他认为，中等收入群体标准有绝对标准和相对标准两类。绝对标准主要以世界银行、亚洲开发银行确定的每人每天收入 10~100 美元的中等收入标准，这是一个绝对标准。按此绝对标准计算，2002 年我国中等收入群体规模仅为 3% 左右，到了 2007 年基本达到了 30%，2013 年已经达到了 55%，2020 年可以达到 74%。相对标准是按照一个国家收入分配取中值的 60% 作为下限，取中值的 200% 或者是 300% 作为上限，其局限性是不能反映一个国家经济增长对于中等收入群体规模的影响。

（七）综合判定法

综合判定法顾名思义就是从不同角度和多个方面对社会群体采用综合指标体系进行测量，最终对中等收入群体进行界定的方法，综合指标体系不但包含客观指标，同时也包含主观指标，如 Warner（1947）的指标等。

第三章　青藏地区中等收入人群判定及规模测度

为深入观测青藏地区中等收入人群现状及其变动，本章选用 2000~2019 年青藏地区城乡人均可支配收入数据，采用均值划分法测度现价和可比价下全国、青海省、西藏的中等收入人群标准，比较分析不同价格下全国、青藏地区中等收入界限的演变趋势，并进一步运用核密度估计方法测算全国、青藏地区的中等收入人群比重，对比分析青藏地区与全国城乡中等收入人群比重的差距。

本章的研究意义在于：①将研究情境聚焦于鲜有学者关注的青藏地区，研究数据长达 20 年，城镇和农村分开考虑，以更全面、更系统地丰富中等收入相关研究是本书的突破点。②将价格因素纳入研究，比较分析现价和可比价下青藏地区中等收入的演变趋势，是现有研究较少考虑到的，也是本书的创新点。③比较分析全国与青藏地区的中等收入差距，帮助政府进一步认清青藏地区收入分配结构的内在规律，是本书的现实意义。

第一节　青藏地区中等收入人群的识别及测度方法选取

一、中等收入人群收入标准界定

中产阶级的概念最早由亚里士多德提出，他认为中间阶层介于极富阶层和极穷阶层之间（Benjamin，1885）。长期以来，国外学者采用了各种各样的方法去测量中等收入人群，但仍未有统一的界定标准。国外相关研究中，最具代表性的方法是客观测度法、主观认同法、综合判定法。其中，客观测度法具有代表性的是社会经济地位量表（Duncan，1961）和职业决定法（Edward，1943）；主观认同法具有代表性的是自我评价法（Centers，1949）、公众声誉界定法（Warner，1963）、职业声望测量法（North and Hatt，1949）；综合判定法最具代表性的是阶层特性指标法（Meeker and Eells，1949）。大多数国外研究者偏好于经济收入法和消费指标法，均属于客观测度法的一种，经济收入法一般以家庭或人均年收入为衡量指标（Milanovic and Yitzhaki，2002；Birdsall，2015），消费指标法是以居民的消费水平作为界定标准（Kharas and Gertz，2010）。这些研究成果为我国中等收入人群的划分与界定提供了基本的方法论和操作范例，但我国与西方国家的收入分配制度存在差异性，我国中等收入测量指标的选取和具体标准的确定也应该有所不同。

我国中等收入人群规模究竟有多大，由于界定标准尚未统一，且不同时期标准也不一样，因而说法不一。现如今，存在绝对标准与相对标准的测度方法。绝对标准是根据中等收入人群所对应的生活、消费水平计算出一个收入绝对值区间，将收入落入这一区间的人口定义为中等收入人群，国内学者通常是以世界银行贫困线为参照系（日人均收入10~100美元为中等收入人群），再根据实际情况进行调整。以绝对标准界定中等收入人群的最大优势在于简便可行、直观易懂，并且可以进行国际比较，缺点在于"一刀切"式的衡量方式，并未考虑到国家、城乡之间的差异性。将绝对标准下国内学者对中国中等收入人群的界定标准进行总结，具体如表3-1所示。

表3-1 绝对标准下国内学者对中国中等收入人群的界定标准

机构或学者（年份）	中等收入的界定标准	中等收入比重（地区，年份）
法国巴黎百富勤公司（青岛新闻网，2004）	人均年收入在2.5万~3万元、家庭年收入在7.5万~10万元	11.67%（中国，2002）
国家发展改革委宏观经济研究院（2005）	个人年收入3.4万~10万元、家庭人均可支配收入1.8万~5.4万元、家庭年收入为5.37万~16万元	7%（中国，2004）
纪宏和陈云（2009）	人均年收入为3万~8万元	28.49%（中国，2005）；37.60%（中国城镇，2005）；24.72%（中国农村，2005）
国家发展改革委社会发展研究所课题组等（2012）	家庭年收入为2.2万~6.5万元	21.25%（中国，2010）

机构或学者（年份）	中等收入的界定标准	中等收入比重（地区，年份）
吴青荣（2015）	城镇人均年收入为 27500~82500 元 农村人均年收入为 13100~39300 元	26.05%（中国，2012）； 30.80%（中国城镇，2012）； 20.78%（中国农村，2012）
李强和徐玲（2017）	人均年收入为 2 万~6.7 万元	21.90%（中国，2013）； 30.30%（中国城镇，2013）； 13.00%（中国农村，2013）
李春玲（2018）	参照世界银行人均日收入 10~100 美元的测度标准，将其转换为人均年收入 2.4 万~24 万元	47.6%（中国，2014）

资料来源：根据相关文献整理而得。

中等收入标准不是一成不变的，中等收入人群是一个动态、相对的概念，随着收入分配和社会结构的变化而处于不断变化中。相对标准的优势在于考虑到中等收入是一个有地域、有差别的概念，要立足于我国经济社会的发展水平，不能一味地照搬发达国家和地区的标准，同时，还要考虑到城乡差异，不能用一个标准定义不同区域的中等收入标准；缺点在于数据获得性更难，可操作性更复杂。在关于确定中等收入人群的界定方法中，除了大多学者所采用的中位数划分法，均值划分法也受到许多学者的认可。将相对标准下对中国中等收入人群的界定标准进行总结，具体如表 3-2 所示。

表 3-2　相对标准下国内学者对中国中等收入人群的界定标准

机构或学者（年份）	中等收入的界定标准	中等收入比重（地区，年份）
徐建华等（2003）	［中位数-全距/6，中位数+全距/6］	22.02%（中国，2001）； 25.34%（中国城镇，2001）； 31.71%（中国农村，2001）
陈云（2009）	［均值-全距/6，均值+全距/6］	28.49%（中国，2005）； 27.01%（中国城镇，2005）； 24.96%（中国农村，2005）
	［均值，均值+标准差］	28.91%（中国，2005）； 29.29%（中国城镇，2005）； 26.35%（中国农村，2005）
	［均值，3 倍均值］	32.00%（中国，2005）； 31.40%（中国城镇，2005）； 29.88%（中国农村，2005）

续表

机构或学者（年份）	中等收入的界定标准	中等收入比重（地区，年份）
李培林和张翼（2008）	［均值，2.5倍均值］	—
龙莹（2015）	［0.75倍中位数，1.25倍中位数］	21.10%（中国，2010）
	［0.75倍中位数，1.5倍中位数］	29.80%（中国，2010）
杨凤娟等（2020）	［0.75倍中位数，1.25倍中位数］	26.10%（中国，2018）；25.71%（中国城镇，2001）；26.36%（中国农村，2001）

资料来源：根据相关文献整理而得。

二、指标选取、数据来源及测度方法

考虑到研究数据的可得性，借鉴陈云（2009）的做法，采用均值划分法作为青藏地区中等收入界限测算方法。青藏地区中等收入人群收入区间的具体界定方法和参照基准总结如下（见表3-3）。

表3-3　青藏地区对中等收入人群收入区间的界定方法（相对标准模式）

测算区域	中等收入界限测算方法	参照基准	备注
城镇（全国、青海、西藏）	［均值-全距/6，均值+全距/6］	均值指的是城镇家庭人均可支配收入，其中，西藏选取的是城镇家庭人均现金收入	全距指高收入户（20%）的人均收入和低收入户（20%）的人均收入之差
农村（全国、青海）	［均值，均值的2.5倍］	均值指的是农村家庭人均纯收入	—

注：在2013年以前的统计口径，西藏人均现金收入等同于人均可支配收入，2014年以后，人均现金收入被单独划分出来，因此，西藏采用人均现金收入及其收入五等份收入分组数据作为测算基准。

资料来源：《中国统计年鉴》（2001~2020）、《青海统计年鉴》（2001~2020）、《西藏统计年鉴》（2001~2020）及地方统计局所提供的原始数据。

核密度估计方法是基于给定的核函数来推算样本的密度函数，从而找出其分布状态，是用来估计收入分布密度函数的非参数检验方法之一，并被我国经济学家广泛运用。借鉴徐现祥和王海港（2008）、纪宏和陈云（2009）的做法，基于核密度估计方法，观察青藏地区城乡居民收入的分布情况及历年变化趋势，并对青藏地区中等人群比重及其变动进行测算。

具体方法是根据核密度估计量及积分原理，利用已确定的中等收入人群的收入区间，即可计算出中等收入人群的比重。具体步骤如下：

（1）利用非参数方法得到居民收入分布密度函数 $f(x)$，公式如下：

$$f(x) = \frac{1}{nh} \sum_{i=1}^{n} K\left(\frac{X_i - x}{h}\right) \tag{3-1}$$

由于不同核函数对估计结果影响不大，Matlab 统计分析工具默认 Gaussian 核函数，表达式如下：

$$K(x) = \frac{1}{\sqrt{2\pi}} e^{-\frac{x^2}{2}} \tag{3-2}$$

同时，最优带宽 h 默认通过使用拇指法则（Rule of Thumb，ROT）来选取，其中，$h = cs_x n^{-\frac{1}{5}}$，$c = 1.06$，$s_x$ 则是样本标准差。

（2）依据中等收入人群的收入区间标准 $[a, b]$，通过 $\int_a^b f(x)$ 计算得到中等收入人群的比重。

选用青藏地区 2000~2019 年城乡人均可支配收入数据，数据来源于《中国统计年鉴》（2001~2020）、《青海统计年鉴》（2001~2020）、《西藏统计年鉴》（2001~2020），并将地方统计局所提供的原始数据作为补充数据。为保证数据统计口径的一致性，将收入调查数据统一调整为五等分组数据，需要说明的是，在 2013 年以前的统计口径，西藏人均现金收入等同于人均可支配收入，2014 年以后，人均现金收入被单独划分出来，因此，西藏采用人均现金收入及其收入五等份收入分组数据作为测算基准。此外，农村居民选择人均纯收入作为收入指标值。由于《青海统计年鉴》未公布 2013 年和 2014 年各收入分组下的人均收入数据，借鉴苏静等（2013）运用线性插值法对 2013 年和 2014 年青海城乡中等收入人群标准及规模进行补充。

第二节　青藏地区中等收入人群标准的测度

一、2019 年青藏地区收入消费情况描述性统计分析

为深入了解青藏地区城乡居民收入消费状况，笔者采用线上问卷和线下纸质问卷的调查方式。整个问卷发放过程持续 8 个多月，于 2020 年 3~11 月随机发放

问卷，共计回收3568份问卷，有效问卷2156份，有效问卷回收率为60.4%。其中，1342份有效问卷覆盖了青海省42个县（区）级行政区域，814份有效问卷覆盖了西藏自治区67个县（区）级行政区域。根据数据收集的结果将样本的基本信息列表如下（见表3-4和表3-5）：基本信息包括被调查者的所属户口、民族、家庭总人口数、家庭劳动力总数、家庭劳动力的最高文化程度、家庭劳动力中因残疾或患重大疾病无法获得劳动收入的人数。

表3-4 青藏地区调查样本基本信息统计

基本信息	组别	青海的样本描述性统计 频率（%）	西藏的样本描述性统计 频率（%）
所属户口	城镇	70.2	35.1
	农村	29.7	64.8
民族	汉族	54.9	26.6
	藏族	28.3	70.7
	回族	8.3	0.6
	蒙古族	2.9	0.4
	其他少数民族	5.2	1.4
家庭总人口数	3人以下	22.0	11.7
	3~5人	63.4	55.1
	6~8人	12.8	23.0
	9人及以上	1.6	9.9
家庭劳动力总数	0人	1.3	2.3
	1人	13.8	20.3
	2人	59.3	50.8
	3人	19.2	19.9
	4人及以上	6.1	6.5
家庭劳动力的最高文化程度	未上过学	2.9	13.5
	小学	5.6	20.3
	初中	5.5	17.4
	高中（中专）	7.6	5.7
	大学专科	12.8	7.3
	本科及以上	65.2	35.5

续表

基本信息	组别	青海的样本描述性统计	西藏的样本描述性统计
		频率（%）	频率（%）
家庭劳动力中因残疾或患重大疾病无法获得劳动收入的人数	0 人	79.3	71.3
	1 人	14.9	17.8
	2 人	4.7	8.8
	3 人及以上	0.9	1.9

资料来源：笔者根据问卷数据整理而得。

从表 3-4 可以看出，在青海的总样本中，城镇户口的家庭居多，占比 70.2%，汉族人口占比有 54.9%。有 63.4% 的家庭总人口数在 3~5 人，59.3% 的家庭劳动力总数为 2 人。家庭劳动力的最高文化程度为本科及以上的占比最高，占总体的 65.2%，有 2.9% 的家庭劳动力的最高文化程度为从未上过学。家庭劳动力中因残疾或患重大疾病无法获得劳动收入的人数占比为 20.5%。

在西藏的总样本中，农村户口的家庭居多，占比 64.8%，藏族人口占比最高，为 70.7%，有 55.1% 的家庭总人口数在 3~5 人，50.8% 的家庭劳动力总数为 2 人。家庭劳动力的最高文化程度为本科及以上的占比最高，占总体的 35.5%，这一比例比青海低；有 13.5% 的家庭劳动力的最高文化程度为从未上过学，这一比例比青海高。家庭劳动力中因残疾或患重大疾病无法获得劳动收入的人数占比为 28.5%，这一比例比青海高。

表 3-5　青藏地区家庭总收入和总消费支出的统计分析

基本信息	组别 （元）	青海的样本描述性统计	西藏的样本描述性统计
		频率（%）	频率（%）
家庭总收入	（-∞，1 万]	7.6	27.8
	（1 万，3 万]	15.6	28.3
	（3 万，5 万]	11.3	13.7
	（5 万，10 万]	19.0	9.4
	（10 万，20 万]	29.5	8.9
	（20 万，30 万]	11.4	6.8
	（30 万，50 万]	3.9	3.3
	（50 万，+∞）	1.4	1.3

续表

基本信息	组别 （元）	青海的样本描述性统计 频率（%）	西藏的样本描述性统计 频率（%）
家庭消费总支出	(-∞，1 万]	6.1	15.3
	(1 万，3 万]	19.3	34.1
	(3 万，5 万]	19.2	22.4
	(5 万，10 万]	28.6	12.4
	(10 万，20 万]	18.7	11.1
	(20 万，30 万]	3.8	2.5
	(30 万，50 万]	1.7	1.2
	(50 万，+∞)	2.1	0.6

资料来源：笔者根据问卷数据整理而得。

由表 3-5 可知，青海家庭年总收入和年总消费支出在 1 万元以下的家庭户数分别占总样本的 7.6% 和 6.1%，在 1 万~3 万元的家庭户数分别占总样本的 15.6% 和 19.3%，在 3 万~5 万元的家庭户数分别占总样本的 11.3% 和 19.2%，在 5 万~10 万元的家庭户数分别占总样本的 19.0% 和 28.6%，在 10 万~20 万元的家庭户数分别占总样本的 29.5% 和 18.7%，在 20 万~30 万元的家庭户数分别占总样本的 11.4% 和 3.8%，在 30 万~50 万元的家庭户数分别占总样本的 3.9% 和 1.7%，在 50 万元以上的家庭户数分别占总样本的 1.4% 和 2.1%。

西藏家庭年总收入和年总消费支出在 1 万元以下的家庭户数分别占总样本的 27.8% 和 15.3%，在 1 万~3 万元的家庭户数分别占总样本的 28.3% 和 34.1%，在 3 万~5 万元的家庭户数分别占总样本的 13.7% 和 22.4%，在 5 万~10 万元的家庭户数分别占总样本的 9.4% 和 12.4%，在 10 万~20 万元的家庭户数分别占总样本的 8.9% 和 11.1%，在 20 万~30 万元的家庭户数分别占总样本的 6.8% 和 2.5%，在 30 万~50 万元的家庭户数分别占总样本的 3.3% 和 1.2%，在 50 万元以上的家庭户数分别占总样本的 1.3% 和 0.6%。

根据问卷调查结果，分别绘制出 2019 年青藏地区城镇和农村家庭年总收入和总消费支出的分布情况（见图 3-1 和图 3-2）。

由图 3-1（a）可以看出，青海城镇家庭年总收入和年总消费支出分布曲线整体呈"金字塔"形。青海城镇家庭年总收入在 10 万~20 万元的占比为 39.13%，占比最高，年总收入在 50 万元以上的占比最低，为 2.01%。青海城镇家庭年总消费支出在 5 万~10 万元的占比最高，为 35.31%，而年总消费支出在

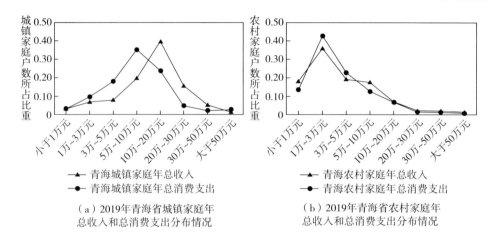

（a）2019年青海省城镇家庭年
总收入和总消费支出分布情况

（b）2019年青海省农村家庭年
总收入和总消费支出分布情况

图 3-1　2019 年青海省城乡家庭年总收入和总消费支出分布情况

资料来源：笔者根据问卷数据整理绘制而得。

30 万~50 万元以上的占比最低，为 2.33%。总体而言，青海城镇年总收入分布集中在 10 万~20 万元，青海城镇年总支出分布集中在 5 万~10 万元。

由图 3-1（b）可以看出，青海农村家庭年总收入和年总消费支出分布曲线整体呈"左偏倒钩"形或"右侧拖尾"形。青海农村家庭年总收入区间在 1 万~3 万元的占比最高，为 35.84%，年总收入在 50 万元以上的占比最低，为 0.25%；青海农村家庭年总消费支出在 1 万~3 万元的家庭户数占总农村样本的 42.11%，占比最高，年总收入在 30 万~50 万元以上的占比最低，为 0.50%。整体而言，青海农村年总收入分布集中在 1 万~3 万元，青海农村年总消费支出分布集中在 1 万~3 万元。

比较青海城镇和农村家庭的收入分布状况，2019 年青海城镇居民的年总收入更多集中在 10 万~20 万元，青海农村居民的年总收入更多集中在 1 万~3 万元，两者相差近 10 倍；同时青海城镇家庭收入分布呈"中间大、两头小"特点，而青海农村家庭收入分布集中在低收入区域，呈严重"左偏倒钩"或"右侧拖尾"特点；由此可见，青海城乡收入差距比较明显。

由图 3-2（a）可以看出，西藏城镇家庭的总收入和总消费支出分布曲线整体均呈"双峰"形。西藏城镇家庭年总收入在 1 万~3 万元的家庭户数占总城镇样本的 20.28%，占比最高，西藏城镇家庭年总收入的第二峰值是在 10 万~20 万元，占比 19.23%，年总收入区间在 50 万元以上的占比最低，为 3.50%。西藏城镇家庭年总消费支出在 1 万~3 万元的占比最高，为 25.52%，西藏城镇家庭年总

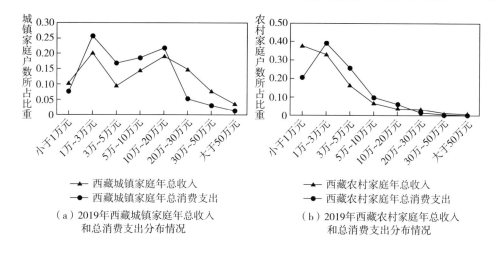

（a）2019年西藏城镇家庭年总收入
和总消费支出分布情况

（b）2019年西藏农村家庭年总收入
和总消费支出分布情况

图 3-2 2019 年西藏城镇家庭年总收入和总消费支出分布情况

资料来源：笔者根据问卷数据整理绘制而得。

收入的第二峰值是在 10 万~20 万元，占比 21.03%，年总消费支出区间在 50 万元以上的占比最低，为 1.40%。总体而言，西藏城镇年总收入和年总支出分布均集中在 1 万~3 万元和 10 万~20 万元。

由图 3-2（b）可以看出，西藏农村家庭年总收入整体呈下降趋势，年总消费支出分布曲线整体呈"左偏倒钩"形或"右侧拖尾"形，与青海农村相似。有 37.31% 的西藏农村家庭年总收入水平低于 1 万元以及有 70.08% 的年总收入水平在 3 万元以下。西藏农村家庭年总消费支出在 1 万~3 万元的家庭户数占总农村样本的 39.50%，占比最高。西藏农村年总收入分布集中在 3 万元以下，西藏农村年总消费支出分布集中在 1 万~3 万元。

相较而言，2019 年西藏城镇居民的年总收入更多集中在 10 万~20 万元，西藏农村居民的年总收入更多集中在 3 万元以下，两者相差甚大。西藏城镇家庭收入分布呈"双峰"形，基本向中间收入靠拢，西藏农村家庭收入分布呈严重"左偏倒钩"或"右侧拖尾"特点，由此可见，西藏城乡收入差距问题仍然十分显著。

二、青藏地区中等收入人群收入标准估计

根据上文介绍的方法测算了 2000~2019 年全国、青海、西藏城镇中等收入人群的收入变化区间和区间变化值。以 2000 年作为基期，全国、青海、西藏分别基于各自的收入指数进行调节，对城乡中等收入人群收入上下限的可比价进行

换算。同时，由于《青海统计年鉴》未公布 2014～2019 年的城镇和农村收入定基指数，《西藏统计年鉴》未公布 2000～2019 年的城镇和农村收入定基指数，即参考国家统计局公布方法①，手工计算了 2014～2019 年的青海省城乡收入定基指数和 2000～2019 年的西藏城乡收入定基指数。

（一）城镇居民中等收入人群收入变化区间估计

由表 3-6 可知，从绝对值来看，2000 年和 2019 年的全国城镇居民中等收入人群的收入区间分别为 4919～7641 元和 29670～55048 元；青海省城镇居民中等收入人群的收入区间分别为 4117～6223 元和 19515～51497 元；西藏城镇居民中等收入人群的收入区间分别为 4826～8309 元和 25517～49304 元。从相对值来看，较之 2000 年，2019 年全国、青海、西藏城镇居民中等收入下限分别增长了 5.03 倍、3.74 倍、4.29 倍；2019 年全国、青海、西藏城镇居民中等收入上限分别增长了 6.20 倍、7.28 倍、4.93 倍。

表 3-6　2000～2019 年的全国、青海、西藏城镇居民中等收入人群收入上下限（现价）

单位：元

年份	全国		青海		西藏	
	下限（现价）	上限（现价）	下限（现价）	上限（现价）	下限（现价）	上限（现价）
2000	4919	7641	4117	6223	4826	8309
2001	5303	8417	4539	7169	5345	9157
2002	5632	9774	4411	7989	5944	9868
2003	6109	10835	4818	8646	5894	10521
2004	6679	12165	5507	9133	6028	10676
2005	7346	13641	5776	10340	6273	10861
2006	8285	15233	6426	11574	6332	11883
2007	9767	17805	7090	13462	7858	14816
2008	11015	20546	7701	15595	9045	16381
2009	12057	22293	8554	16830	10011	17580
2010	13517	24701	9449	18261	10992	19524
2011	15438	28182	9703	21503	11135	21857

---

① 国家统计局城市司. 计算居民收入如何扣除物价因素影响？[EB/OL]. [2011-06-13]. 国家统计局网：http://www.stats.gov.cn/ztjc/tjzs/zjcpi/201106/t20110613_71507.html.

续表

年份	全国		青海		西藏	
	下限 （现价）	上限 （现价）	下限 （现价）	上限 （现价）	下限 （现价）	上限 （现价）
2012	17715	31415	11787	23345	12495	24229
2013	18489	34445	13459	26323	13026	27762
2014	20445	37243	15131	29301	15133	28899
2015	22387	40004	16804	32280	16862	34052
2016	24059	43173	19287	34227	19332	36272
2017	25834	46958	20204	38134	22002	39340
2018	27498	51004	19574	43456	21721	45873
2019	29670	55048	19515	51497	25517	49304

注：由于青海省 2013~2014 年城镇居民人均可支配收入分组数据的不可得，采用线性插值法对这两年的数据进行补充。

资料来源：《中国统计年鉴》（2001~2020）、《青海统计年鉴》（2001~2020）、《西藏统计年鉴》（2001~2020）及地方统计局所提供的原始数据。

整体而言，青藏地区的城镇居民中等收入标准呈逐年递增趋势，但均低于全国城镇水平，其中，从中等收入下限的增速来看，全国高于西藏，西藏高于青海，从中等收入上限的增速来看，青海高于全国，全国高于西藏。

图 3-3 展示了现价下的 2000~2019 年全国、青海、西藏城镇居民中等收入人群上下限的演变趋势。在 2000~2019 年，青藏地区城镇中等收入上下限整体均位于全国城镇水平下方，随着我国经济社会的不断发展，全国、青海、西藏城镇中等收入上下限均呈稳定上升态势。

从城镇中等收入上限来看，2000~2003 年的西藏略高于全国，原因可能在于 2000 年提出的西部大开发，大幅增加西藏投资，如西藏铁路改革便是西部大开发的重点工程，因此，这三年的城镇居民人均可支配收入高于全国，2003 年以后，西藏基本处于青海和全国之间，略高于青海。

从城镇中等收入下限来看，除 2002~2003 年西藏略高于全国外，其余年份基本处于青海和全国之间，略高于青海，具体原因同上，可能在于我国各地区的经济发展会受到国家政策的影响，而经济发展又会影响当地居民的收入。

由表 3-7 可知，运用收入指数进行可比价换算之后，全国、青海、西藏城镇居民中等收入人群收入上下限整体呈缓慢上升趋势。从绝对值来看，2000 年和

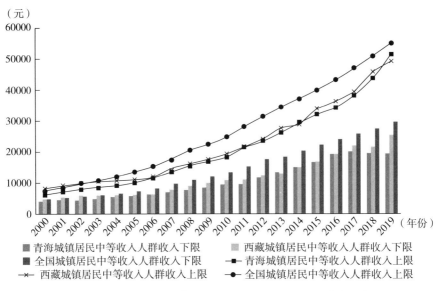

图 3-3   2000~2019 年全国、青海、西藏城镇居民中等收入人群
收入上下限（现价）的演变趋势

注：由于青海省 2013~2014 年城镇居民人均可支配收入分组数据的不可得，采用线性插值法对这两年的数据进行补充。

资料来源：《中国统计年鉴》（2001~2020）、《青海统计年鉴》（2001~2020）、《西藏统计年鉴》（2001~2020）及地方统计局所提供的原始数据。

2019 年的全国城镇居民中等收入人群的收入区间分别为 4919~7641 元和 6639~12342 元；青海省城镇居民中等收入人群的收入区间分别为 4117~6223 元和5427~14321 元；西藏城镇居民中等收入人群的收入区间分别为 4826~8309 元和6927~13384 元。从相对值来看，较之 2000 年，2019 年全国、青海、西藏城镇居民中等收入下限分别增长了 0.35 倍、0.32 倍、1.44 倍；2019 年全国、青海、西藏城镇居民中等收入上限分别增长了 0.62 倍、1.30 倍、0.61 倍。

表 3-7   2000~2019 年全国、青海、西藏城镇居民中等收入人群收入上下限（可比价）

单位：元

年份	全国		青海		西藏	
	下限（可比价）	上限（可比价）	下限（可比价）	上限（可比价）	下限（可比价）	上限（可比价）
2000	4919	7641	4117	6223	4826	8309
2001	4896	7771	4129	6522	4802	8227

续表

年份	全国		青海		西藏	
	下限（可比价）	上限（可比价）	下限（可比价）	上限（可比价）	下限（可比价）	上限（可比价）
2002	4590	7966	3868	7006	4947	8212
2003	4574	8112	3961	7108	4763	8502
2004	4651	8471	4252	7051	4883	8647
2005	4673	8678	4039	7230	5028	8705
2006	4781	8790	4095	7375	4864	9129
2007	5031	9171	4206	7987	4990	9409
2008	5241	9776	4389	8889	5414	9806
2009	5232	9674	4618	9086	5605	9843
2010	5448	9956	4911	9491	5687	10101
2011	5741	10480	4747	10520	5606	11004
2012	6010	10659	5276	10449	5855	11353
2013	5864	10924	5650	11049	5688	12122
2014	6073	11062	5713	11063	6323	12074
2015	6240	11151	5928	11388	6221	12563
2016	6352	11399	6353	11274	6700	12572
2017	6406	11645	6209	11719	7023	12557
2018	6459	11980	5706	12669	6374	13461
2019	6639	12342	5427	14321	6927	13384

注：由于青海省2013~2014年城镇居民人均可支配收入分组数据的不可得，采用线性插值法对这两年的数据进行补充。

资料来源：《中国统计年鉴》（2001~2020）、《青海统计年鉴》（2001~2020）、《西藏统计年鉴》（2001~2020）及地方统计局所提供的原始数据。

与现价不同的是，西藏城镇中等收入上限略高于全国城镇水平，个别年份的青海城镇中等收入上限略高于全国城镇水平（2011年、2013~2017年、2019年）；西藏城镇中等收入下限整体在全国城镇水平上下浮动。此外，从城镇中等收入下限的增速来看，西藏高于全国，全国略高于青海；从城镇中等收入上限的增速来看，青海高于全国，全国略高于西藏。

整体而言，经可比价换算后，青藏地区的城镇中等收入标准与全国城镇水平差距变小，甚至个别年份高于全国城镇水平。全国、青海、西藏城镇中等收入上下限的增速明显变缓。

图 3-4 展示了可比价下的 2000~2019 年全国、青海、西藏城镇居民中等收入人群上下限的演变趋势。

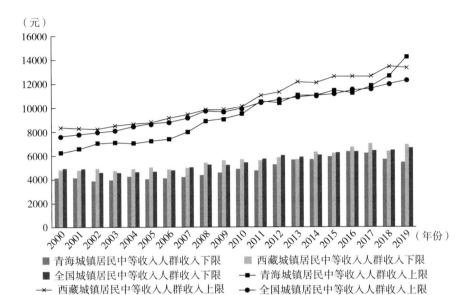

**图 3-4 2000~2019 年全国、青海、西藏城镇居民中等收入人群
收入上下限（可比价）的演变趋势**

注：由于青海省 2013~2014 年城镇居民人均可支配收入分组数据的不可得，采用线性插值法对这两年的数据进行补充。

资料来源：《中国统计年鉴》（2001~2020）、《青海统计年鉴》（2001~2020）、《西藏统计年鉴》（2001~2020）及地方统计局所提供的原始数据。

由图 3-4 可以看出，2000~2019 年，西藏城镇居民中等收入上限整体略高全国水平，其下限在全国城镇水平上下浮动。2011 年后，青海城镇居民中等收入上限逐渐高于全国水平，下限仍低于全国水平。表明了青藏地区城镇居民中等收入标准不仅受国家政策的影响，还会受当地物价水平的影响，使青藏地区城镇居民中等收入标准呈波动型缓慢上升趋势。

为了明晰 2000~2019 年青藏地区城镇居民中等收入标准的波动趋势，本章分别计算 2000~2019 年的全国、青海、西藏城镇居民中等收入平均数（收入上限和下限的平均数），再以 2000 年为基期，比较分析现价和可比价下全国、青海、西藏城镇中等收入平均数的定基增长倍数变化情况。计算结果如表 3-8 所示。

表 3-8　不同价格下 2000~2019 年全国、青海、西藏城镇居民中等收入平均数的定基增长倍数

年份	城镇居民中等收入平均数（现价）的定基增长倍数			城镇居民中等收入平均数（可比价）的定基增长倍数		
	全国	青海	西藏	全国	青海	西藏
2000	1.00	1.00	1.00	1.00	1.00	1.00
2001	1.09	1.13	1.10	1.01	1.03	0.99
2002	1.23	1.20	1.20	1.00	1.05	1.00
2003	1.35	1.30	1.25	1.01	1.07	1.01
2004	1.50	1.42	1.27	1.04	1.09	1.03
2005	1.67	1.56	1.30	1.06	1.09	1.05
2006	1.87	1.74	1.39	1.08	1.11	1.07
2007	2.20	1.99	1.73	1.13	1.18	1.10
2008	2.51	2.25	1.94	1.20	1.28	1.16
2009	2.73	2.45	2.10	1.19	1.33	1.18
2010	3.04	2.68	2.32	1.23	1.39	1.20
2011	3.47	3.02	2.51	1.29	1.48	1.26
2012	3.91	3.40	2.80	1.33	1.52	1.31
2013	4.21	3.85	3.11	1.34	1.61	1.36
2014	4.59	4.30	3.35	1.36	1.62	1.40
2015	4.97	4.75	3.88	1.38	1.67	1.43
2016	5.35	5.18	4.23	1.41	1.70	1.47
2017	5.80	5.64	4.67	1.44	1.73	1.49
2018	6.25	6.10	5.15	1.47	1.78	1.51
2019	6.75	6.87	5.70	1.51	1.91	1.55

注：由于青海省 2013~2014 年城镇居民人均可支配收入分组数据的不可得，采用线性插值法对这两年的数据进行补充。

资料来源：《中国统计年鉴》（2001~2020）、《青海统计年鉴》（2001~2020）、《西藏统计年鉴》（2001~2020）及地方统计局所提供的原始数据。

现价下，2000~2019 年全国、青海城镇居民中等收入平均数的定基增长倍数在 1~7 倍波动，西藏在 1~5.7 倍波动。较之 2000 年，2019 年的全国、青海、西藏城镇居民中等收入平均数的定基增长倍数分别为 6.75 倍、6.87 倍和 5.70 倍。

可比价下，2000~2019 年全国、青海、西藏城镇居民中等收入平均数的定基增长倍数在 1~1.51 倍波动。较之 2000 年，2019 年全国、青海、西藏城镇居民

中等收入平均数的定基增长倍数分别为 1.51 倍、1.91 倍和 1.55 倍。

总体而言，现价和可比价下的青藏地区城镇中等收入差距甚大。历年来青藏地区乃至我国的物价水平持续上涨，对青藏地区城镇中等收入带来一定的影响，通过计算比较进一步表明，可比价下的青藏地区城镇中等收入区间更符合实际。

图 3-5 展示了不同价格下 2000~2019 年全国、青海、西藏城镇中等收入平均数的定基增长倍数演变趋势。2000~2019 年，现价下全国、青海、西藏城镇中等收入平均数的定基增长倍数均呈爆炸式增长，而可比价下的增长态势变得明显平缓，两种价格下城镇中等收入增长态势所呈现的特点差异较大。同时，现价下青藏地区城镇中等收入平均数整体低于全国水平（除个别年份外），而可比价下青海整体高于全国水平，且全国和西藏基本持平。进一步表明，可比价换算后，使青藏地区城镇中等收入区间界定更贴合实际。

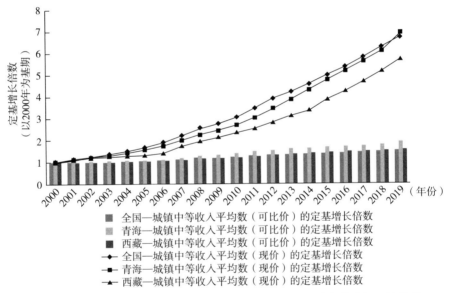

图 3-5　不同价格下 2000~2019 年全国、青海、西藏城镇中等收入平均数的定基增长倍数演变趋势

注：由于青海省 2013~2014 年城镇人均可支配收入分组数据缺失，采用线性插值法对这两年的数据进行补充。

资料来源：《中国统计年鉴》（2001~2020）、《青海统计年鉴》（2001~2020）、《西藏统计年鉴》（2001~2020）及地方统计局所提供的原始数据。

（二）农村居民中等收入人群收入变化区间估计

由表 3-9 可知，从绝对值来看，2000 年和 2019 年的全国农村居民中等收入人群的收入区间分别为 2253～5634 元和 16021～40053 元，青海农村居民中等收入人群的收入区间分别为 1490～3725 元和 11499～28748 元，西藏农村居民中等收入人群的收入区间分别为 1326～3315 元和 12951～32378 元。从相对值来看，由于农村地区中等收入的界定方法是［均值，均值的 2.5 倍］，较之 2000 年，2019 年全国、青海、西藏农村居民中等收入下限和上限均是分别增长了 6.11 倍、6.72 倍、8.77 倍。

表 3-9　2000～2019 年全国、青海、西藏农村居民中等收入人群收入上下限（现价）

单位：元

年份	全国		青海		西藏	
	下限（现价）	上限（现价）	下限（现价）	上限（现价）	下限（现价）	上限（现价）
2000	2253	5634	1490	3725	1326	3315
2001	2366	5916	1611	4028	1399	3498
2002	2476	6189	1711	4278	1515	3788
2003	2622	6556	1817	4543	1685	4213
2004	2936	7340	2005	5013	1854	4635
2005	3255	8137	2165	5413	2070	5175
2006	3587	8968	2358	5895	2426	6065
2007	4140	10351	2683	6708	2777	6943
2008	4761	11902	3061	7653	3164	7910
2009	5153	12883	3346	8365	3519	8798
2010	5919	14798	3863	9658	4123	10308
2011	6977	17443	4609	11523	4885	12213
2012	7917	19793	5364	13410	5697	14243
2013	9430	23575	6196	15490	6553	16383
2014	10489	26223	7283	18208	7359	18398
2015	11422	28555	7933	19833	8243	20608
2016	12363	30908	8664	21660	9094	22735
2017	13432	33580	9462	23655	10330	25825
2018	14617	36543	10393	25983	11450	28625
2019	16021	40053	11499	28748	12951	32378

资料来源：《中国统计年鉴》（2001～2020）、《青海统计年鉴》（2001～2020）、《西藏统计年鉴》（2001～2020）及地方统计局所提供的原始数据。

整体而言，青藏地区的农村居民中等收入标准呈逐年递增趋势，但均低于全国农村水平，其中，从农村居民中等收入上下限的增速来看，西藏高于青海，青海高于全国。与城镇相比，青藏地区农村居民中等收入上下限增速更快。

图 3-6 展示了现价下的 2000～2019 年全国、青海、西藏农村居民中等收入人群上下限的演变趋势。

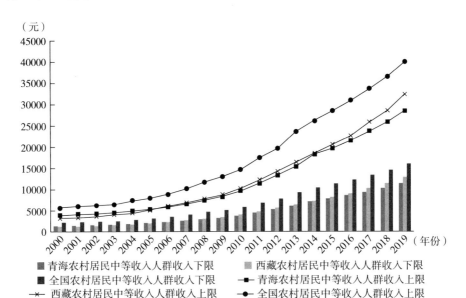

图 3-6 2000～2019 年全国、青海、西藏农村居民中等收入人群收入上下限（现价）的演变趋势

资料来源：《中国统计年鉴》（2001～2020）、《青海统计年鉴》（2001～2020）、《西藏统计年鉴》（2001～2020）及地方统计局所提供的原始数据。

由图 3-6 可以看出，随着我国经济社会的不断发展，全国、青海、西藏农村中等收入上下限均呈稳定上升态势。2000～2019 年，青藏地区农村中等收入上下限整体均位于全国农村水平下方，青海和西藏基本持平，2015 年后，西藏与青海逐渐拉开差距，原因可能在于 2015 年脱贫攻坚战略开始实施，截至 2019 年 12 月西藏 74 个县（区）全部实现脱贫摘帽，截至 2020 年 4 月青海 42 个县（区）全部实现脱贫摘帽。

由表 3-10 可知，运用收入指数进行可比价换算之后，全国、青海、西藏农村居民中等收入人群收入上下限整体呈缓慢上升趋势。从绝对值来看，2000 年和 2019 年的全国农村居民中等收入人群的收入区间分别为 2253～5634 元和 3797～9492 元；青海省农村居民中等收入人群的收入区间分别为 1490～3725 元和 2925～7312 元；西藏农村居民中等收入人群的收入区间分别为 1326～3315 元和

2095~5239 元。从相对值来看，较之 2000 年，2019 年全国、青海、西藏农村居民中等收入下限和上限均是分别增长了 0.69 倍、0.96 倍、0.58 倍。

表 3-10　2000~2019 年全国、青海、西藏农村居民中等收入人群收入上下限（可比价）

单位：元

年份	全国农村中等收入区间		青海农村中等收入区间		西藏农村中等收入区间	
	下限（可比价）	上限（可比价）	下限（可比价）	上限（可比价）	下限（可比价）	上限（可比价）
2000	2253	5634	1490	3725	1326	3315
2001	2262	5654	1508	3770	1338	3345
2002	2248	5620	1552	3879	1337	3341
2003	2273	5682	1590	3976	1349	3372
2004	2372	5929	1678	4195	1394	3486
2005	2465	6162	1730	4325	1407	3518
2006	2518	6294	1749	4372	1441	3602
2007	2641	6601	1877	4691	1501	3753
2008	2798	6994	2107	5269	1587	3967
2009	2778	6944	2143	5358	1608	4019
2010	2863	7158	2268	5669	1643	4107
2011	3030	7575	2413	6032	1720	4300
2012	3106	7764	2487	6219	1779	4446
2013	3384	8459	2473	6183	1843	4607
2014	3445	8614	2647	6616	1889	4722
2015	3490	8725	2705	6762	1922	4806
2016	3556	8890	2753	6884	1971	4927
2017	3602	9006	2784	6959	2004	5011
2018	3679	9197	2853	7133	2048	5121
2019	3797	9492	2925	7312	2095	5239

资料来源：《中国统计年鉴》（2001~2020）、《青海统计年鉴》（2001~2020）、《西藏统计年鉴》（2001~2020）及地方统计局所提供的原始数据。

与现价不同的是，青海农村居民中等收入上下限明显高于西藏，且低于全国农村水平，此外，从农村居民中等收入上下限的增速来看，青海高于全国，全国高于西藏。可见，西藏农村物价水平上升得比青海更快，西藏农村居民中等收入实际上并没有涨得那么快。因此，经可比价换算后，剔除掉物价指数的影响，使青藏地区的农村中等收入标准更符合实际。

图3-7展示了可比价下的2000~2019年全国、青海、西藏农村居民中等收入人群上下限的演变趋势。2000~2019年，青藏地区农村居民中等收入上下限均低于全国农村水平，且青海高于西藏。进一步表明了青藏地区农村居民中等收入标准明显受当地物价水平的影响，使青藏地区农村居民中等收入标准呈缓慢上升趋势。

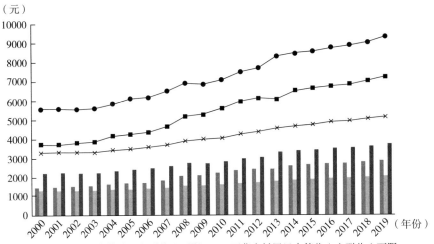

图3-7 2000~2019年全国、青海、西藏农村居民中等收入人群收入上下限（可比价）的演变趋势

资料来源：《中国统计年鉴》（2001~2020）、《青海统计年鉴》（2001~2020）、《西藏统计年鉴》（2001~2020）及地方统计局所提供的原始数据。

为明晰2000~2019年青藏地区农村中等收入标准的波动趋势，本章分别计算2000~2019年的全国、青海、西藏农村中等收入平均数（收入上限和下限的平均数），再以2000年为基期，比较分析现价和可比价下全国、青海、西藏农村中等收入平均数的定基增长倍数变化情况。计算结果如表3-11所示。

表3-11 不同价格下2000~2019年全国、青海、西藏农村中等收入平均数的定基增长倍数

年份	农村中等收入平均数（现价）的定基增长倍数			农村中等收入平均数（可比价）的定基增长倍数		
	全国	青海	西藏	全国	青海	西藏
2000	1.00	1.00	1.00	1.00	1.00	1.00

续表

年份	农村中等收入平均数（现价）的定基增长倍数			农村中等收入平均数（可比价）的定基增长倍数		
	全国	青海	西藏	全国	青海	西藏
2001	1.05	1.08	1.05	1.00	1.01	1.01
2002	1.10	1.15	1.14	1.00	1.04	1.01
2003	1.16	1.22	1.27	1.01	1.07	1.02
2004	1.30	1.35	1.40	1.05	1.13	1.05
2005	1.44	1.45	1.56	1.09	1.16	1.06
2006	1.59	1.58	1.83	1.12	1.17	1.09
2007	1.84	1.80	2.09	1.17	1.26	1.13
2008	2.11	2.05	2.39	1.24	1.41	1.20
2009	2.29	2.25	2.65	1.23	1.44	1.21
2010	2.63	2.59	3.11	1.27	1.52	1.24
2011	3.10	3.09	3.68	1.34	1.62	1.30
2012	3.51	3.60	4.30	1.38	1.67	1.34
2013	4.19	4.16	4.94	1.50	1.66	1.39
2014	4.66	4.89	5.55	1.53	1.78	1.42
2015	5.07	5.32	6.22	1.55	1.81	1.45
2016	5.49	5.81	6.86	1.58	1.85	1.49
2017	5.96	6.35	7.79	1.60	1.87	1.51
2018	6.49	6.97	8.63	1.63	1.91	1.54
2019	7.11	7.72	9.77	1.69	1.96	1.58

资料来源：《中国统计年鉴》（2001~2020）、《青海统计年鉴》（2001~2020）、《西藏统计年鉴》（2001~2020）及地方统计局所提供的原始数据。

现价之下，2000~2019 年全国、青海农村中等收入平均数的定基增长倍数在 1~8 倍波动，西藏在 1~9.77 倍波动。较之 2000 年，2019 年的全国、青海、西藏农村中等收入平均数的定基增长倍数分别为 7.11 倍、7.72 倍、9.77 倍。

可比价下，2000~2019 年全国、青海、西藏农村中等收入平均数的定基增长倍数在 1~2 倍波动。较之 2000 年，2019 年的全国、青海、西藏农村中等收入平均数的定基增长倍数分别为 1.69 倍、1.96 倍、1.58 倍。

总体而言，现价和可比价下的青藏地区农村中等收入差距甚大。在青藏地区经济持续发展和物价水平不断上升的背景下，尤其是西藏，更应该客观看待中等收入（现价）指数式增长的现象，进一步表明，可比价下的青藏地区农村中等收入区间更符合实际。

图 3-8 展示了不同价格下 2000~2019 年全国、青海、西藏农村中等收入平均数的定基增长倍数演变趋势。可以看出,2000~2019 年,现价下全国、青海、西藏农村中等收入平均数的定基增长倍数均呈"爆炸式"增长,而可比价下的增长态势变得明显平缓,两种价格下农村中等收入增长态势所呈现的特点差异较大。同时,现价下青藏地区农村中等收入平均数的定基增长倍数整体高于全国水平(除个别情况外),而可比价下青海整体高于全国水平,且全国高于西藏。进一步表明,可比价换算后,使青藏地区农村中等收入区间界定更贴合实际。

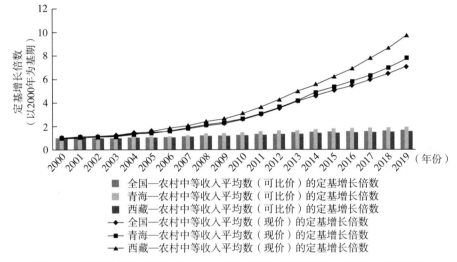

**图 3-8　不同价格下 2000~2019 年全国、青海、西藏农村中等收入平均数的
定基增长倍数演变趋势**

资料来源:《中国统计年鉴》(2001~2020)、《青海统计年鉴》(2001~2020)、《西藏统计年鉴》(2001~2020)及地方统计局所提供的原始数据。

第三节　青藏地区中等收入人群规模的测算

一、城镇居民收入分布的演变趋势分析

利用 Matlab 编程运算,得到不同价格下 2000 年、2005 年、2010 年、2015 年、2019 年全国、青海、西藏城镇居民收入密度函数的核密度估计形式(见图 3-9)。

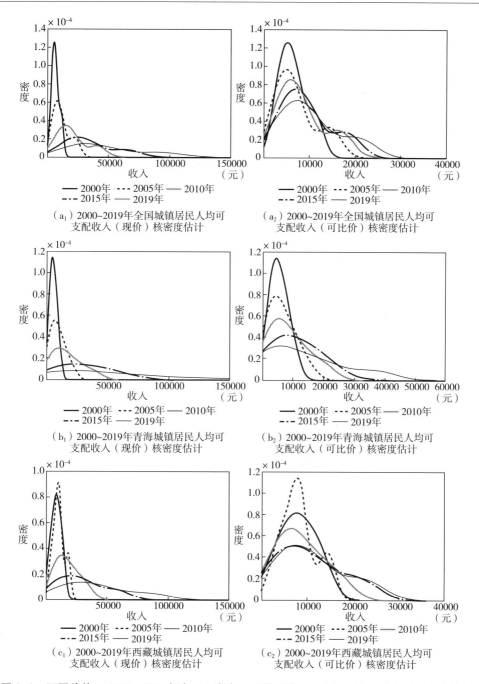

图 3-9　不同价格下 2000~2019 年全国、青海、西藏城镇居民人均可支配收入的核密度估计

资料来源:《中国统计年鉴》（2001~2020）、《青海统计年鉴》（2001~2020）、《西藏统计年鉴》（2001~2020）及地方统计局所提供的原始数据。

由图 3-9 可知，两种价格下的全国、青海、西藏城镇居民收入分布均随时间向右平移，分布曲线顶峰逐渐变得平坦，右侧尾部有不断拉长的趋势。一方面说明随着经济增长，人们的收入水平不断提高；另一方面说明了全国、青海、西藏城镇居民收入不平等程度还在不断加深，这一结果与王薇（2013）和刘亚（2016）的研究结论一致。

2000~2019 年，现价下全国、青海、西藏城镇居民收入分布曲线的顶点右移速度比可比价下的更快，右侧拖尾特点也更显著，此外，现价下全国、青海、西藏城镇居民收入分布的集中区域大致在［0，50000］，可比价下的集中区域大致在［0，20000］，进一步说明，全国、青海、西藏城镇居民收入差距在不断扩大，但实际扩大速度可能并没有那么快，从可比价视角下去考察更为科学客观。

二、农村居民收入分布的演变趋势分析

利用 Matlab 编程运算，得到不同价格下 2000 年、2005 年、2010 年、2015 年、2019 年全国、青海农村居民收入密度函数的核密度估计形式（见图 3-10）。

两种价格下的全国、青海农村居民收入分布均随时间向右平移，分布曲线波峰明显下降，右侧尾部有不断延长的趋势。一方面说明随着经济增长，人们的收入水平不断提高；另一方面说明了全国、青海农村居民收入不平等程度加在不断加深，这一结果与王薇（2013）和刘亚（2016）的研究结论一致。

2000~2019 年，可比价下全国、青海农村居民收入分布曲线的顶点右移速度比现价下的更为缓慢，右侧拖尾特点有所收敛，表明可比价下的农村收入分布特点更贴合实际。此外，现价下全国、青海农村居民收入分布的中心点大致在［0，20000］，可比价下的中心点大致在［0，5000］。一方面与城镇相比，农村收入差距较小，收入分布也更为集中；另一方面表明全国、青海农村居民收入差距在不断扩大，但可比价下的收入差距扩大速度可能更为科学客观。

三、青藏地区中等收入人群比重测度

基于非参数估计中的核密度估计法，利用积分原理，就可根据已确定的中等收入人群的收入区间，即依据各收入群体的收入区间标准［a，b］，通过 $\int_a^b f(x)$ 计算出全国、青海、西藏城镇和农村中等收入人群的比重（见表 3-12）。同时，为了进一步比较分析全国和青藏地区中等收入人群比重的变动情况，绘制出全国和青藏地区中等收入人群比重的变动趋势图（见图 3-11 和图 3-12）。

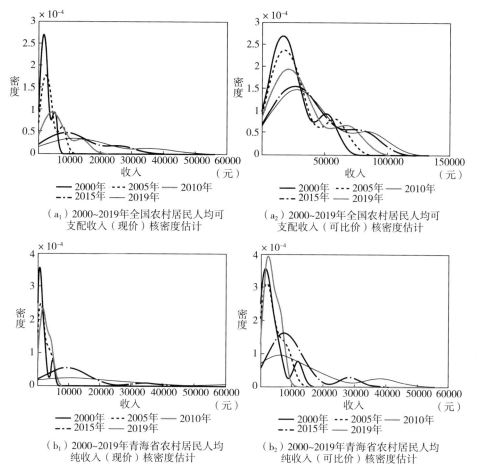

图 3-10　不同价格下 2000～2019 年全国、青海、西藏农村居民人均收入的核密度估计

资料来源：《中国统计年鉴》（2001～2020）、《青海统计年鉴》（2001～2020）、《西藏统计年鉴》（2001～2020）及地方统计局所提供的原始数据。

表 3-12　2000～2019 年全国、青海、西藏城乡居民中等收入人群的比重

单位：%

年份	城镇居民中等收入人群比重			农村居民中等收入人群比重	
	全国	青海	西藏	全国	青海
2000	32.96	23.82	27.61	40.37	35.81
2001	32.84	23.29	27.02	38.69	35.14
2002	31.86	26.01	30.78	40.31	35.05
2003	32.70	25.83	31.90	35.70	35.96

续表

年份	城镇居民中等收入人群比重			农村居民中等收入人群比重	
	全国	青海	西藏	全国	青海
2004	33.77	23.00	33.59	37.98	36.34
2005	33.90	25.67	32.94	37.91	36.56
2006	33.94	23.84	31.29	39.10	35.46
2007	33.98	23.49	30.43	38.81	35.33
2008	34.03	24.94	29.03	39.58	36.51
2009	34.02	25.34	27.24	39.41	34.04
2010	33.97	25.79	28.04	39.39	26.01
2011	32.87	24.96	29.60	40.18	28.02
2012	34.06	25.00	29.36	36.05	22.12
2013	34.08	24.56	30.03	41.20	27.12
2014	35.80	24.12	29.58	40.79	32.12
2015	35.82	23.69	30.41	40.30	37.58
2016	37.90	21.09	31.37	40.21	34.15
2017	34.91	26.85	30.42	40.70	31.54
2018	34.46	29.23	31.66	39.46	31.12
2019	33.75	27.98	30.89	36.75	33.94
平均值	34.08	24.93	30.16	39.14	33.00

注:由于 2013~2014 年青海城镇和农村居民人均可支配收入分组数据和 2000~2019 年西藏农村居民人均可支配收入分组数据的不可得,采用线性插值法对青海 2013~2014 年的城镇和农村中等收入比重数据进行补充,同时无法对 2000~2019 年西藏农村中等收入比重进行测算。

资料来源:《中国统计年鉴》(2001~2020)、《青海统计年鉴》(2001~2020)、《西藏统计年鉴》(2001~2020)及地方统计局所提供的原始数据。

由表 3-12 可知,青藏地区城镇居民中等收入人群比重整体低于全国水平,西藏高于青海。2000~2019 年,全国城镇居民中等收入人群比重在 31.86%~37.90% 波动,平均为 34.08%;青海城镇居民中等收入人群比重在 21.09%~29.23% 波动,平均为 24.93%;西藏城镇居民中等收入人群比重在 27.02%~33.59% 波动,平均为 30.16%。

青海农村居民中等收入人群比重整体低于全国水平。2000~2019 年,全国农村居民中等收入人群比重在 35.70%~41.20% 波动,平均为 39.14%;青海农村居民中等收入人群比重在 22.12%~37.58% 波动,平均为 33.00%。农村居民中等收入人群比重整体高于城镇，原因可能在于本书中等收入人群规模的测算方法是基于收入分布而实现的，而农村收入分布早期年份呈显著集中特点，从城乡居民收入分布可以发现农村收入差距比城镇小。

由图 3-11 可知，青藏地区城镇居民中等收入人群比重明显处于全国城镇水平的下方，青海城镇居民中等收入人群比重整体低于西藏。全国、青海、西藏城镇居民中等收入人群比重整体呈缓慢上升趋势，较之 2000 年，2019 年全国、青海、西藏城镇居民中等收入人群比重分别增长了 0.79%、4.16%、3.28%。

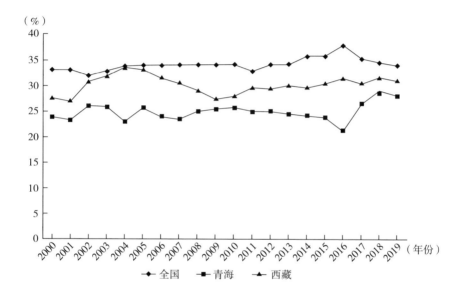

图 3-11　2000~2019 年全国、青海、西藏城镇居民中等收入人群比重的演变趋势

注：由于 2013~2014 年青海城镇居民人均可支配收入分组数据的不可得，采用线性插值法对青海省 2013~2014 年的城镇中等收入比重数据进行补充。

资料来源：《中国统计年鉴》（2001~2020）、《青海统计年鉴》（2001~2020）、《西藏统计年鉴》（2001~2020）及地方统计局所提供的原始数据。

在 2000~2016 年，全国城镇居民中等收入人群比重呈缓慢上升趋势，2016~2019 年呈快速下降趋势。2000~2016 年，青海城镇居民中等收入人群比重呈"波动型缓慢下降"特点，2016~2018 年呈明显上升—缓慢下降的整体上升趋势，原因可能在于 2013 年共建"一带一路"倡议的实施，青海省在"一带一路"建设中有着重要地理和区位优势，为实现全省经济社会跨越发展提供重要支撑。在 2000 年西部大开发的大背景下，2000~2009 年，西藏城镇居民中等收入人群比重呈倒"U"形特点，在 2004 年达峰值，2009~2019 年呈缓慢上升趋势。

由图 3-12 可知，青海农村居民中等收入人群比重明显处于全国农村水平的下方。全国、青海农村居民中等收入人群比重整体呈下降趋势，较之 2000 年，2019 年全国、青海农村居民中等收入人群比重分别下降了 3.62%、1.87%。由于本书中等收入人群规模的测算方法是基于收入分布而实现的，随着时间推移农村居民收入分布特点由集中逐渐变得起伏波动（见图 3-12），因此，农村中等收入人群比重整体呈下降趋势。

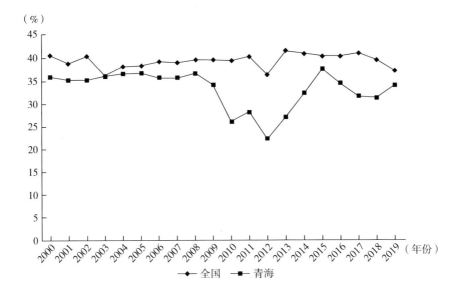

图 3-12　2000~2019 年全国、青海农村居民中等收入人群比重的演变趋势

注：由于 2013~2014 年青海农村居民人均可支配收入分组数据和 2000~2019 年西藏农村居民人均可支配收入分组数据的不可得，采用线性插值法对青海 2013~2014 年的农村居民中等收入比重数据进行补充，同时无法对 2000~2019 年西藏农村中等收入比重进行测算。

资料来源：《中国统计年鉴》（2001~2020）、《青海统计年鉴》（2001~2020）、《西藏统计年鉴》（2001~2020）及地方统计局所提供的原始数据。

在 2000~2012 年，全国农村中等收入人群比重呈波动型缓慢下降趋势，2012~2019 年呈明显上升—缓慢下降趋势。2000~2012 年，青海农村中等收入人群比重呈波动型缓慢下降趋势，2012~2015 年呈明显上升趋势，2015~2019 年呈下降上升趋势。

第四节 研究发现及建议

选用 2000~2019 年青藏地区城乡居民人均可支配收入数据，采用均值划分法测度现价和可比价下全国、青海、西藏的中等收入人群标准，运用核密度估计方法测算全国、青藏地区的中等收入人群比重，以探讨不同价格下全国、青藏地区城乡中等收入界限的演变趋势，并比较分析青藏地区与全国中等收入人群标准及比重的差距。基于上述分析，归纳出以下研究发现及建议。

一、研究发现：青藏地区中等收入人群的基本特征

研究发现，与以往研究成果相比（徐建华等，2003），在考虑价格因素后，青藏地区中等收入上下限的演变趋势和收入分布曲线呈现出不同的特征，且可比价下的中等收入上下限测算更贴合青藏地区实际，这可能是本书的一个创新发现。因此，从可比价视角作为切入点，可以得出中等收入人群演化的基本特征：

第一，经可比价换算后，青藏地区的城镇中等收入标准与全国水平差距变小，甚至个别年份高于全国水平。青藏地区城镇居民中等收入上下限的增速明显变缓。

从绝对量来看，2019 年全国城镇中等收入人群的收入区间为 29670~55048元（可比价为 6639~12342 元），2019 年青海省城镇中等收入人群的收入区间为 19515~51497 元（可比价为 5427~14321 元），2019 年西藏城镇中等收入人群的收入区间为 25517~49304 元（可比价为 6927~13384 元）。

从相对量来看，较之 2000 年，2019 年全国城镇居民中等收入上下限的增长倍数区间为 5.03~6.20 倍（可比价为 0.35~0.62 倍），2019 年青海城镇居民中等收入上下限的增长倍数区间为 3.74~7.28 倍（可比价为 0.32~1.30 倍），2019年西藏城镇居民中等收入上下限的增长倍数区间为 4.29~4.93 倍（可比价为0.44~0.61 倍）。

第二，可比价下，青海农村居民中等收入上下限明显高于西藏，低于全国农村水平。从农村居民中等收入上下限的增速来看，青海高于全国，全国高于西藏。

从绝对量来看，2019 年全国农村中等收入人群的收入区间为 16021~40053

元（可比价为 3797～9492 元），2019 年青海省农村中等收入人群的收入区间为 11499～28748 元（可比价为 2925～7312 元），2019 年西藏农村中等收入人群的收入区间为 12951～32378 元（可比价为 2095～5239 元）。

从相对量来看，较之 2000 年，2019 年全国农村居民中等收入上下限的增长倍数为 6.11 倍（可比价为 0.69 倍），2019 年青海居民农村中等收入上下限的增长倍数为 6.72 倍（可比价为 0.96 倍），2019 年西藏居民农村中等收入上下限的增长倍数为 6.72 倍（可比价为 0.58 倍）。

第三，青藏地区城乡收入分布仍呈现"两头大，中间小"的特征，城乡两极分化程度日益加深。可比价下收入差距扩大速度明显比现价下的缓慢。

青藏地区城乡两极分化程度均日益加深，其收入分布曲线特征表现为：随着时间推移，收入分布曲线的右移程度不断加深，顶部呈明显下降趋势，其中心显著分布在偏左侧，其分布曲线图形从"瘦高"形逐渐发展为"矮胖"形。

可比价下青藏地区城乡居民收入分布曲线的顶点右移速度比现价下的更为缓慢，右侧拖尾特点有所收敛，说明青藏地区城镇和农村居民收入不平等程度均在不断加深，但收入差距扩大速度没有现价下的快。

第四，青藏地区城镇中等收入人群比重低于全国城镇水平（34.08%），青海（24.93%）低于西藏（30.16%）。青海农村中等收入人群比重（33.00%）低于全国农村水平（39.14%），且呈下降趋势。

从城镇来看，2000～2019 年，全国城镇中等收入人群比重大致在 31.86%～37.9% 波动，平均为 34.08%，青海城镇中等收入人群比重在 21.09%～29.23% 波动，平均为 24.93%，西藏城镇中等收入人群比重在 27.02%～33.59% 波动，平均为 30.16%。

从农村来看，2000～2019 年，全国农村中等收入人群比重在 35.70%～41.20% 波动，平均为 39.14%，青海农村中等收入人群规模主要在 22.12%～37.58% 波动，平均为 33.00%。

二、建议

综上所述，无论是从绝对量还是相对量上看，青藏地区中等收入标准有所上升，中等收入人群队伍有所扩大，其响应了国家政策的号召，享受到了国家政策红利。此外，青藏地区收入分布整体上仍显著呈"两头大，中间小"的分布特征，中等收入人群相对固定，增收能力有限，如何扩大中等收入人群并实现可持续性增收？如何形成"橄榄型"收入分配格局仍是青藏地区亟须解决的重大问题之一。基于研究发现，提出以下建议：

以扩大青藏地区中等收入人群比重为根本，缩小青藏地区城乡收入差距，其基本思路依然是深化落实收入分配改革目标：提低、扩中、控高。

首先，政府在收入分配方面最有效的作用领域是"提低"，如提高最低生活保障线、提高最低工资标准等。努力改善低收入群体的收入水平，青藏地区更要准确把握新形势，紧跟国家政策，如抓特色产业优势，大力发展旅游、养殖业（牦牛）、种植业（青稞）等特色产业，把利用特色产业作为改善低收入群体收入的主要渠道等，着力宣传生态旅游，实现一、二、三产业的融合发展，带动青藏地区特色经济快速发展。

其次，为扩大青藏地区中等收入比重，形成"橄榄型"收入分配格局，有效措施包括：一方面，应重视发展教育，尤其是技能培训，全面提升劳动者的人力资本（专业技能、综合素质、能力建设等），积极改善欠发达地区教育不平等状况。另一方面，响应"大众创业，万众创新"的号召，鼓励创业：一是鼓励复转军人和农村能人创业，并提供相关产业培训和技术指导；二是鼓励有专业技术的事业单位和公务员停薪留职创业或联合相关企业创业，打破垄断，创新体制机制，提升创业就业机会和增加收入的机会。只有这样，中等收入人群才有可能打破固化，让一部分有能力的人和在体制内工作的中等收入者有机会获得更多收入，改变现有"左偏倒钩"和"两头大，中间小"的分布特征，逐步形成中间大两头小的"橄榄型"收入分配格局，实现共同富裕目标。

最后，"控高"是收入分配的难点，合理调节税负，采取税收手段适当调节社会高收入群体，主要对象比如：国企垄断行业整体收入水平、部门中层过高收入水平，特别是高管人员的畸高收入等。通过一次、二次、三次收入分配手段的调节，实现收入分配公平化，达到增加低收入人群收入目的，让其有机会进入中等收入人群。"控高"和"提低"这两者在手段实施上应相辅相成，以经济手段为主，行政手段为辅，控制资本和管理在分配中过高的状况，进而起到间接扩大中等收入比重的调节作用，也有助于形成"橄榄型"收入分配格局。

第四章　西北五省份中等收入人群的比较

本章对西北五省份中等收入人群进行全面系统的比较研究，分别是陕西省、甘肃省、青海省、宁夏回族自治区、新疆维吾尔自治区，依据历年《中国统计年鉴》《陕西统计年鉴》《甘肃统计年鉴》《新疆统计年鉴》《青海统计年鉴》《宁夏统计年鉴》的城乡收入分组数据，利用非参数核密度估计方法对各省份的城镇和农村收入分布进行拟合并测算 2000~2018 年西北五省份城镇、农村、全省（区）的中等收入人群比重，利用插值法对中等收入人群的基尼系数进行计算。

第一节　问题的提出与指标的选取

一、问题的提出

许多专家学者对我国中等收入群体比重进行测度，并不断寻找扩大中等收入群体比重的方法，理论研究硕果累累。据《中国中等收入者研究》数据统计，2002 年安徽省农村中等收入者比重约为 17%，城镇中等收入者比重约为 13.5%（程丽香，2019）。李培林和朱迪（2015）通过对 2006~2013 年中国社会状况调查数据分析，发现我国中等收入者的规模在 27%~28%摆动。常兴华和李伟（2012）利用收入分组数据拟合收入函数，测算我国 1995~2010 年城乡和全国居民不同收入群体比重，并预测 2011~2020 年中等收入群体，发现中等收入群体不断上升，城镇中等收入群体比重大于农村。龙莹（2012）基于北京市城镇居民住户调查微观数据，对 1992~2008 年北京市城镇中等收入群体的进行测算。龙莹（2015）采用非参数核密度估计法对 1988~2005 年中国收入的分布进行描述，发现收入水平不断提高，收入分配不平等程度加深，呈现明显的"双峰"分布，中间群体比重缩小，表现出两极分化趋势。但现有研究主要基于全国中等收入人群比重的测定，对于省际的比较研究尚不充足。研究西北五省份中等收入人群现状并努力提高西北五省份的中等收入人群比重，对实现全面建成小康社会及共同富裕的目标，建成"橄榄型"社会结构也起着重要作用。

从经济社会发展进程而言，中国正处在由中等收入国家向高收入国家行列迈进的关键时期，扩大中等收入人群是跨越"中等收入陷阱"的关键。扩大中等收入人群的比重不仅是扩大内需、促进国民经济稳定较快发展的需要，也是调整和优化社会结构、保持社会稳定的必然要求，对于中国经济社会转型和协调收入分配利益关系具有双重战略意义。

二、指标选取

（一）研究对象

在全国东部、中部、西部三大区域中，西部地区较其他地区经济发展较为落后，收入水平也低于其他地区。本章选取陕西省、甘肃省、青海省、宁夏回族自治区、新疆维吾尔自治区（徐媛媛等，2016），利用非参数核密度估计方法测算2000~2018年城镇、农村、全省（区）的中等收入人群比重及西北五省份中等收入人群的基尼系数，并对西北五省份中等收入人群进行全面系统的比较研究。

（二）中等收入人群测度方法选取

中国中等收入人群规模究竟有多大，由于界定标准尚未统一，且不同时期标准也不一样，因而说法不一。现如今，存在绝对标准与相对标准的测度方法。

中等收入的标准应该随着经济的发展是动态变化；同时，中等收入的标准应该是相对的，考虑到不同地区及城乡之间的收入差异，从而区分出城乡标准（宋建，2015）。因此，本章采用相对标准方法。

采用相对标准模式的大部分学者都将中等收入人群的收入下限设定为收入中位数的50%或75%，而收入的上限通常是收入中位数的1.5倍或2倍（李春玲，2017）。徐建华等（2003）首次提出用收入中值加减全距的1/6的办法来计算出中等收入分布的上限和下限。龙莹（2012，2015）也利用这种方法对安徽省及北京市中等收入人群比重进行了测定。

为了对五省份的中等收入人群比较，需要五省份的比较标准统一，因此本部分以《中国统计年鉴》分组数据为基础，借鉴徐建华和龙莹的测度方法，依据收入分组数据找到人均收入分布的中值，在中值附近确定中等收入人群的上、下限（见图 4-1）。计算方法如下：

全距＝高收入群体人均可支配收入－低收入群体人均可支配收入；

中值＝（高收入群体人均可支配收入＋低收入群体人均可支配收入）/2；

中等收入上限＝（中值＋全距/6）；

中等收入下限＝（中值－全距/6）；

中等收入域值＝中值±全距/6。

图 4-1　中值法下收入水平分布

资料来源：笔者绘制。

（三）数据来源

本章的研究对象涉及西北地区的五个省份，分城乡居民分组收入数据来自历年《中国统计年鉴》《陕西统计年鉴》《甘肃统计年鉴》《新疆统计年鉴》《青海统计年鉴》《宁夏统计年鉴》（宁夏未公布农村收入分组数据，数据暂缺）。

第二节　西北五省份中等收入人群的测度

一、估计方法

中等收入人群是一个相对概念，指相对于高收入者和低收入者来说收入处于中等水平的群体。合理估计中等收入人群，需要对收入分布曲线进行估计。Parzen（1962）首次提出核密度估计法，该方法基于给定的核函数来推算样本的密度函数，从而找出其分布状态，是用来估计收入分布密度函数的非参数检验方法之一。相对分布非参数核密度估计方法是由 Handcock 和 Morris（1998）引入到收入分配问题的研究中，可以用来比较人口的收入分布。Jenkins（1995）采用此方法对英国 20 世纪 90 年代的居民收入分布进行拟合，发现居民收入不平等现象随着居民的收入提高，中等收入人群比重在不断减少。因此，核密度估计的方法被广泛应用在我国收入分布（徐现祥和王海港，2008），居民收入分布密度（纪宏和刘扬，2009）和收入水平变动（朱长存，2012）等方面研究中。

考虑到数据的可得性与研究方案的可行性，本章参照学者们通用的研究方法，采用现代非参数统计中的适应性核密度估计方法，观察西北五省份城乡居民收入的分布情况及历年变化趋势。具体步骤如下：

利用非参数方法得到居民收入分布密度函数 $f(x)$，公式如下：

$$f(x) = \frac{1}{nh} \sum_{i=1}^{n} K\left(\frac{X_i - x}{h}\right) \tag{4-1}$$

由于不同核函数对估计结果影响不大，Matlab 统计分析工具默认 Gaussian 核函数，表达式如下：

$$K(x) = \frac{1}{\sqrt{2\pi}} e^{-\frac{x^2}{2}} \tag{4-2}$$

同时，最优带宽 h 默认通过使用 ROT（Silverman's Rule of Thumb）方法来选取，其中，$h = cs_x n^{-\frac{1}{5}}$，$c = 1.06$，$s_x$ 为样本标准差。

二、西北五省份城乡收入分布

本部分利用 Matlab 软件，采用核密度估计方法，采用现价和可比价分别对各省的城镇和农村收入分布进行拟合，得到拟合收入分布曲线。由于陕西和宁夏地区 2017 年、2018 年数据缺少，因此图 4-2 中两省份数据年份只更新到 2016 年。

（一）西北五省份城镇收入分布

西北五省份城镇收入核密度估计如图 4-2 所示：

由图 4-2 可知，从现行价来看，西北五省份 2000~2018 年城镇收入分布变化很大。首先，概率密度曲线逐渐向右边平移，即随着经济增长，五省的城镇居民收入水平不断提升，但人群主要集中于低收入区间。其次，曲线变得更加平坦，右边出现厚尾现象，说明收入分配不平等程度加深，收入差距不断扩大（龙莹，2012），尤其是 2000 年，可以看到各省份的收入分布比较集中，集中分布在 0~20000 元；2005~2010 年，高收入与低收入的收入差距开始出现，且越来越大，但分布也较为集中；2010 年后收入分布开始呈现"双峰"分布，收入向高低两极聚集，中间群体比重缩小，表现出两极分化趋势；直到 2015 年，五省份的城镇收入分布开始更为分散，收入差距较大，两极分化趋势更明显。

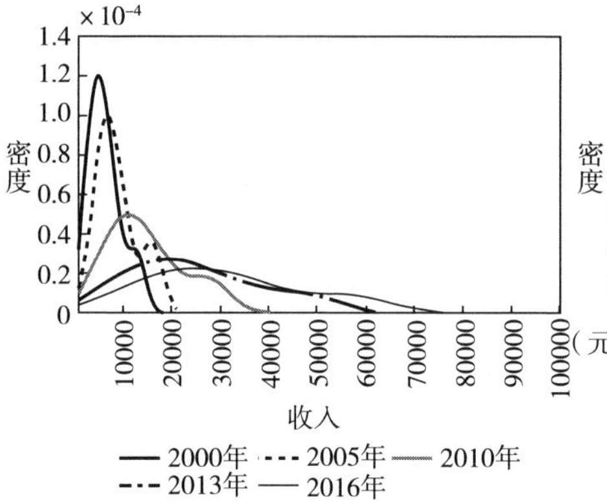

（a）陕西城镇收入核密度估计（现价）

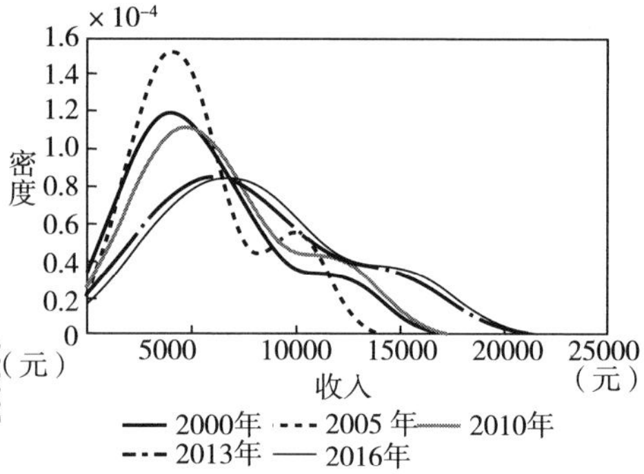

（b）陕西城镇收入核密度估计（2000年可比价）

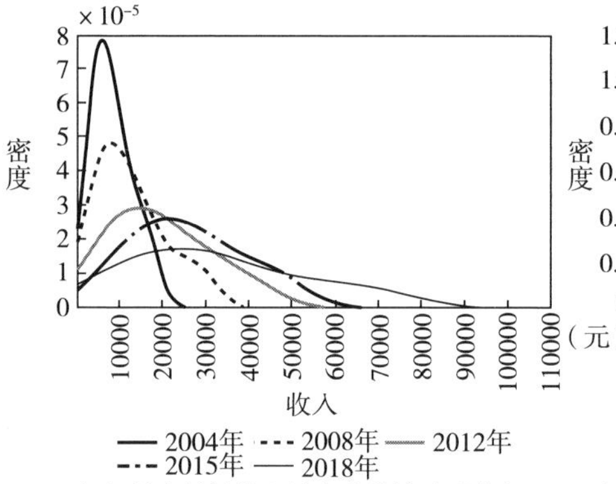

（c）甘肃城镇收入核密度估计（现价）

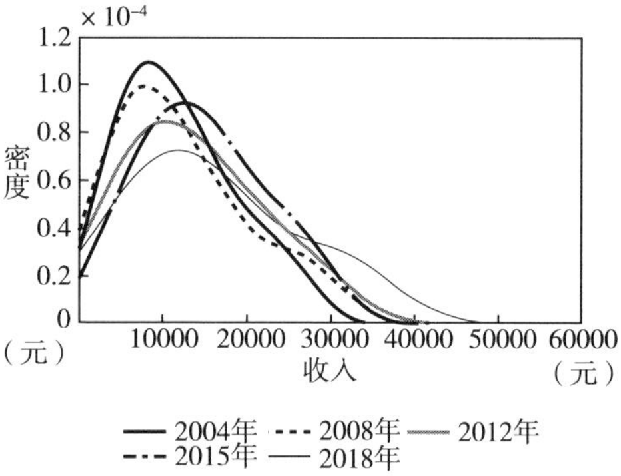

（d）甘肃城镇收入核密度估计（2000年可比价）

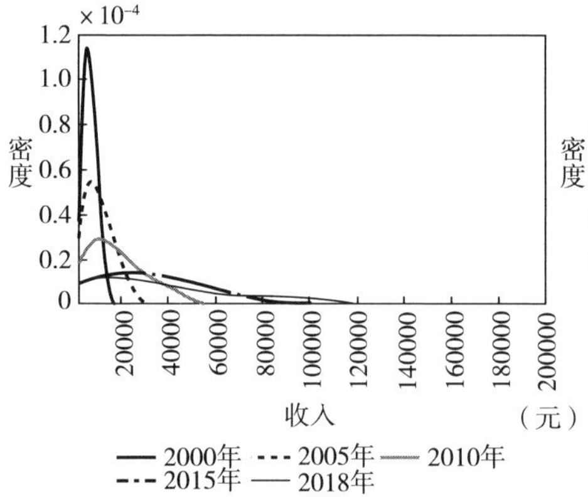

（e）青海城镇收入核密度估计（现价）

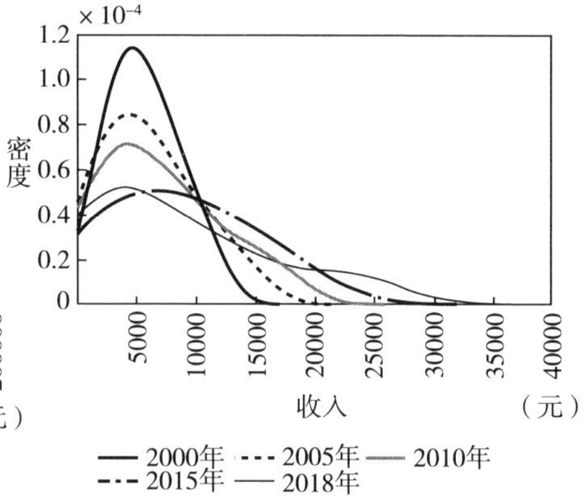

（f）青海城镇收入核密度估计（2000年可比价）

图 4-2　西北五省份城镇收入核密度估计

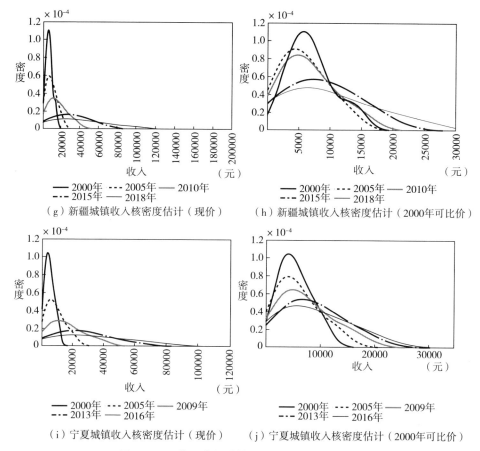

（g）新疆城镇收入核密度估计（现价）　　　（h）新疆城镇收入核密度估计（2000年可比价）

（i）宁夏城镇收入核密度估计（现价）　　　（j）宁夏城镇收入核密度估计（2000年可比价）

图4-2　西北五省份城镇收入核密度估计（续）

资料来源：依据《陕西统计年鉴》《甘肃统计年鉴》《青海统计年鉴》《新疆统计年鉴》《宁夏统计年鉴》整理所得。

从可比价来看，西北五省份2000~2018年城镇收入分布变化幅度小于现行价。概率密度曲线依旧逐渐向右边平移，说明在剔除价格变动的因素后，五省份的城镇居民收入水平还是呈现不断上升的情况，但概率密度曲线的平移幅度有所减少。2000~2018年的曲线下降幅度呈现相对缓慢的趋势，厚尾现象相对现行价来说相对较弱，五省份的城镇收入差距呈现扩大趋势，但是扩大程度小于现行价的幅度。2000年的尖峰依然存在，但是峰度有所减缓，2005年后的曲线变得更加平坦，且右边出现厚尾现象，但是平坦程度小于现行价描绘的曲线，收入分布变得分散，但是分散程度小于现行价。

（二）西北五省份农村收入分布

由于宁夏回族自治区农村地区数据未公布，无法获取数据来源，陕西省数据只更新到 2016 年，2017 年和 2018 年数据暂缺。利用现价和可比价分别计算的西北五省份农村收入核密度估计如图 4-3 所示：

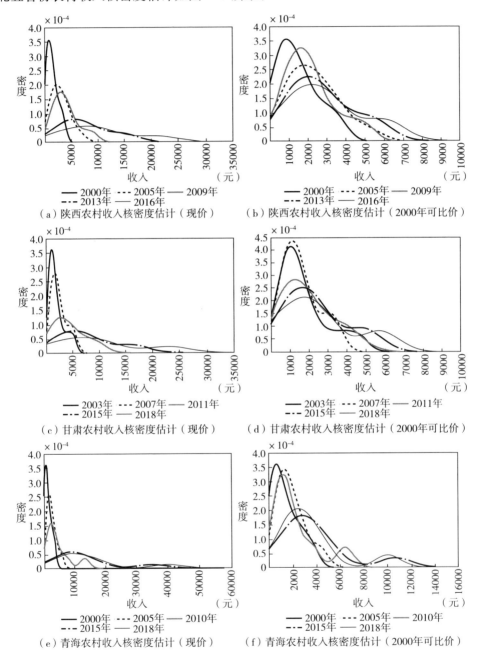

（a）陕西农村收入核密度估计（现价）　（b）陕西农村收入核密度估计（2000年可比价）

（c）甘肃农村收入核密度估计（现价）　（d）甘肃农村收入核密度估计（2000年可比价）

（e）青海农村收入核密度估计（现价）　（f）青海农村收入核密度估计（2000年可比价）

图 4-3　西北五省份农村收入核密度估计

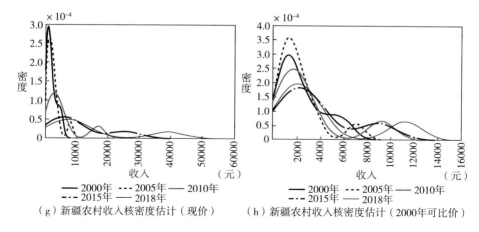

（g）新疆农村收入核密度估计（现价）　　　（h）新疆农村收入核密度估计（2000年可比价）

图4-3　西北五省份农村收入核密度估计（续）

注：宁夏数据缺失。

资料来源：《陕西统计年鉴》《甘肃统计年鉴》《青海统计年鉴》《新疆统计年鉴》整理所得。

由图4-3可知，从现行价来看，农村收入分布同城镇收入分布一样，收入分布变化较大。概率密度曲线逐渐向右边平移，随着经济增长，五省份的农村居民收入水平不断提升。曲线变得更加平坦，右边出现厚尾现象，人群依旧主要集中于低收入区间。2000~2005年，农村收入分布也较为集中，主要集中在0~7000元，即使是收入较高的新疆，收入也低于10000元，远低于城镇收入水平。2005~2010年，收入水平提高，收入差距开始出现，但分布也较为集中，农村收入水平依旧低于城镇，且城乡收入差距也越来越大；2010年后收入分布开始呈现明显的"双峰"分布，收入向高低两极聚集，中间群体比重缩小，两极分化趋势明显；2015年后，低收入群体比重依旧较大，收入分布不再过于集中，农村收入水平依旧远低于城镇收入水平。

从可比价来看，各省份的农村收入分布相对集中，两极分化程度小。概率密度曲线逐渐右移，随着经济的增长，农村地区收入水平也呈现上升趋势。核密度曲线的尖峰下降幅度缓慢，较为平缓，与现行价相比差距较大。2000年各省份收入分布依旧较为集中，但是集中程度同现行价相比有所变小，2005年后，概率密度曲线逐渐依旧向右边平移，且出现厚尾现象，但曲线的平坦程度小于现行价所描绘的曲线，收入分布变得分散，但是分散程度小于现行价。

从图4-2和图4-3可以发现，无论是可比价还是现行价，城镇和农村的概率密度曲线都逐渐向右边平移，西北地区的城镇和农村收入水平不断提升。核密度曲线变得更加平坦，右边出现厚尾现象。这表明加快乡村发展，实现乡村振兴是缩小城乡收入差距的有效途径。

三、城乡中等收入区间变化

中等收入人群比重是一个区间的概念。依据全国五等分分组数据找到人均收入分布的中值，然后依据上文提及的测算方法在中值附近确定中等收入人群的上、下限。测算的全国标准下城乡居民中等收入区间如表4-1和表4-2所示：

表4-1　全国标准下城镇居民中等收入区间　　　　单位：元

年份	现行价				2000年可比价			
	中值	下限	上限	区间变化值	中值	下限	上限	区间变化值
2000	7216	5854	8577	2722	7216	5854	8577	2722
2001	7992	6434	9549	3114	7571	6096	9046	2950
2002	9246	7175	11317	4143	7732	6000	9464	3464
2003	10384	8021	12746	4726	7978	6162	9793	3631
2004	11872	9129	14615	5487	8483	6523	10444	3921
2005	13460	10312	16607	6295	8787	6732	10842	4110
2006	14989	11515	18463	6948	8876	6819	10933	4114
2007	17422	13402	21441	8038	9208	7084	11333	4249
2008	20372	15606	25137	9531	9946	7619	12273	4653
2009	22080	16961	27198	10236	9832	7553	12111	4558
2010	24382	18789	29974	11184	10084	7771	12397	4626
2011	27906	21533	34278	12744	10648	8217	13080	4863
2012	30905	24055	37755	13701	10760	8375	13145	4770
2013	33829	25851	41807	15955	11010	8413	13606	5193
2014	36417	28018	44816	16799	11100	8540	13660	5120
2015	38657	29848	47465	17617	11057	8538	13577	5039
2016	41676	32119	51233	19115	11291	8702	13880	5179
2017	45410	34848	55972	21125	11556	8868	14244	5376
2018	49647	37894	61400	23507	11966	9134	14799	5666

资料来源：根据历年《中国统计年鉴》计算整理而得。

表4-2 全国标准下农村居民中等收入区间 单位：元

年份	现行价				2000年可比价			
	中值	下限	上限	区间变化值	中值	下限	上限	区间变化值
2000	2996	2265	3727	1463	2996	2265	3727	1463
2001	3176	2390	3962	1572	3035	2284	3786	1502
2002	3380	2539	4221	1682	3069	2305	3833	1527
2003	3607	2693	4520	1827	3126	2334	3917	1583
2004	3969	2982	4956	1975	3206	2409	4004	1595
2005	4407	3294	5520	2227	3337	2494	4180	1686
2006	4829	3613	6044	2431	3389	2536	4242	1706
2007	5569	4162	6976	2815	3552	2654	4449	1795
2008	6370	4730	8010	3280	3744	2780	4707	1928
2009	6934	5139	8729	3590	3738	2770	4705	1935
2010	7960	5930	9990	4060	3851	2869	4833	1964
2011	9392	6928	11855	4928	4078	3009	5148	2140
2012	11113	8180	14045	5864	4359	3209	5509	2300
2013	12101	9027	15175	6149	4342	3239	5445	2206
2014	13358	9828	16887	7060	4388	3228	5547	2319
2015	14550	10729	18371	7643	4446	3278	5614	2335
2016	15728	11487	19968	8480	4524	3304	5744	2439
2017	17301	12634	21967	9332	4640	3389	5891	2503
2018	18855	13792	23917	10126	4745	3471	6020	2548

资料来源：根据历年《中国统计年鉴》计算整理而得。

由表4-1和表4-2可知，无论是现行价还是2000年可比价，从2000~2018年，城乡居民人均可支配收入的中值以及中等收入上下限不断增加，区间变化值也不断变大，说明人民收入水平不断提高，且收入差距也有扩大趋势。

图4-4绘制了全国城乡收入中值及中等收入上下限的趋势变化。

从图4-4中可以看到，全国城乡收入中值均呈上升趋势，且城镇的收入中值远远大于农村，2018年现行价的农村收入中值仅相当于2007年的城镇收入中值水平，可比价的农村收入中值甚至小于城镇2000年的收入中值，城乡收入差距较大。与现行价相比，2000年可比价的中值及上下限曲线较为平坦，上升幅度较小。但无论现行价还是可比价的城乡收入中值及城乡中等收入的上下限，数值

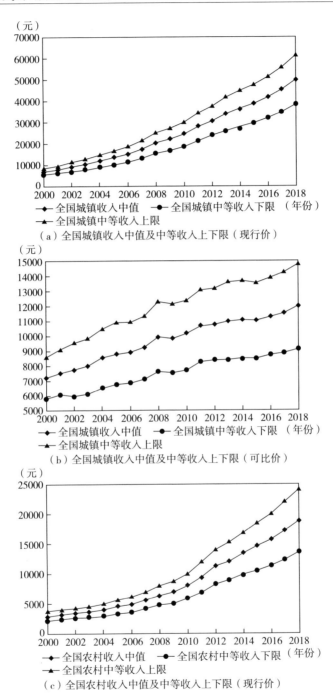

（a）全国城镇收入中值及中等收入上下限（现行价）

（b）全国城镇收入中值及中等收入上下限（可比价）

（c）全国农村收入中值及中等收入上下限（现行价）

图4-4 全国城乡收入中值及中等收入上下限

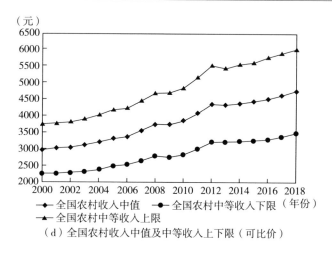

（d）全国农村收入中值及中等收入上下限（可比价）

图4-4 全国城乡收入中值及中等收入上下限（续）

资料来源：根据历年《中国统计年鉴》计算整理而得。

都在不断增加，但是城镇的增加幅度远大于农村，城镇的收入水平远高于农村。

由图4-5可知，2000~2018年，现行价下城镇中等收入上下限增长倍数超过6倍，上限的增长倍数甚至到了7倍。而可比价的情况下，增长倍数较小，未超过两倍。现行价下农村中等收入上下限的增长倍数也达到了6倍，但是未超过7倍，农村的上下限增长幅度小于城镇。可比价下农村的增长倍数依旧较小，但上下限的增长倍数差距不大，与城镇的增长幅度相差不大。无论是可比价还是现行价，城乡中等收入上限的增长幅度都大于下限的增长幅度。

四、西北五省份城乡中等收入人群比重

根据核密度估计量，利用积分原理，在横坐标上取已计算确定的中等收入的上下限，在此区间内的居民为中等收入人群，便可计算出该收入区间的人口比重。即依据各收入群体的收入区间标准 $[a, b]$，通过 $\int_a^b f(x)$ 计算得到西北五省份中等收入人群的比重。

（一）西北五省份城镇中等收入人群比重

表4-3为根据核密度计算的2000~2018年西北五省份城镇中等收入人群比重。

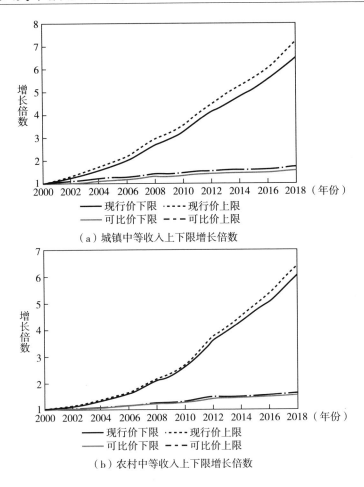

（a）城镇中等收入上下限增长倍数

（b）农村中等收入上下限增长倍数

图 4-5　全国城乡中等收入人群收入上下限增长倍数

资料来源：根据《中国统计年鉴》计算整理而得。

表 4-3　西北五省份城镇中等收入人群比重　　　　　　单位：%

年份	陕西	甘肃	青海	新疆	宁夏	全国
2000	19.83	—	24.07	27.10	22.41	26.11
2001	20.81	—	23.78	24.12	20.84	25.49
2002	14.32	—	22.59	23.27	23.78	25.19
2003	25.12	—	23.33	26.58	23.48	24.35
2004	23.37	26.17	26.00	25.65	24.52	24.04
2005	21.80	23.58	24.22	24.28	22.84	24.48

续表

年份	陕西	甘肃	青海	新疆	宁夏	全国
2006	21.67	23.04	23.89	23.42	23.14	24.53
2007	22.06	24.09	23.24	25.86	21.11	24.64
2008	21.38	20.97	20.34	24.99	22.47	24.95
2009	24.35	21.87	21.49	24.03	24.09	25.13
2010	23.78	22.28	21.56	23.99	23.88	24.95
2011	24.01	24.27	19.06	24.35	24.03	24.85
2012	22.75	23.75	19.38	26.20	21.73	25.50
2013	26.00	26.02	20.69	28.22	21.46	25.52
2014	27.24	27.80	22.01	27.32	23.93	26.10
2015	27.69	27.46	23.31	25.99	23.25	26.78
2016	26.75	28.78	18.33	24.11	22.77	26.93
2017	—	28.83	22.22	25.38	—	26.64
2018	—	24.12	17.81	21.75	—	26.84
平均	23.11	24.87	22.04	25.08	22.93	25.42

注：由于2013~2014年青海城镇和农村人均可支配收入分组数据的不可得，本章采用线性插值法对青海2013~2014年的城镇和农村中等收入比重数据进行补充。

资料来源：根据历年《陕西统计年鉴》《甘肃统计年鉴》《青海统计年鉴》《新疆统计年鉴》《宁夏统计年鉴》计算整理而得。

从近20年中等收入人群比重的平均水平看，全国的中等收入人群比重高于西北五省份，新疆比重最高，其次为陕西，甘肃和宁夏分别位于第三和第四，青海比重最低。

图4-6为西北五省份城镇地区中等收入人群比重变化趋势图，从图中可以更清晰地看出2000~2018年来各地区中等收入人群比重变化。

分时间看，2000~2003年，全国城镇中等收入人群比重呈现下降趋势，陕西、青海、新疆与宁夏呈"U"形变动趋势；2004~2008年，除新疆比重出现波动变化外，其他省份表现为下降趋势，全国呈现上升趋势；2009~2013年，全国、陕西、新疆和甘肃呈现较为明显的直线上升趋势，但青海和宁夏表现为倒"U"形下降趋势；2014~2018年，陕西和宁夏呈现下降趋势，甘肃呈现倒"U"形下降趋势，青海和新疆表现为波动下降趋势，由于陕西和宁夏缺少2017年和2018年数据，没有测算2016年后的城镇中等收入人群比重，其变动趋势也可能同青海、新疆相同，全国依旧呈现上升趋势。

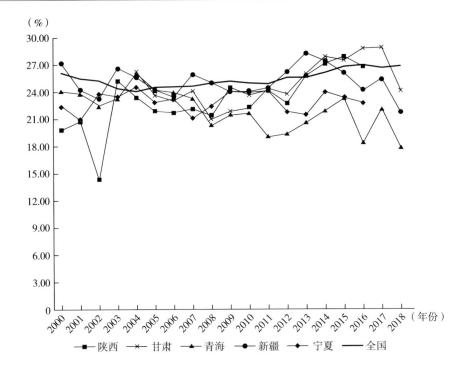

图 4-6 西北五省份城镇地区中等收入人群比重变化

资料来源：根据历年《陕西统计年鉴》《甘肃统计年鉴》《青海统计年鉴》《新疆统计年鉴》《宁夏统计年鉴》计算整理绘制而得。

2013 年以前，新疆的中等收入人群比重最高，2013 年后，宁夏和甘肃超越新疆，甘肃的城镇中等收入人群比重最高。2006 年之前，陕西的城镇中等收入人群比重最低，2006 年以后，青海的城镇居民中等收入人群一直低于其他省份达到最低。全国城镇中等收入人群比重变化不大，一直稳定保持在 24%~27%。

分省份看，陕西城镇中等收入人群比重总体上呈波动上升趋势，2015 年达到最大，除 2002 年比重最低降到 14% 外，比重一直在 20%~28% 波动；甘肃城镇中等收入人群比重从 2004~2017 年呈现 "U" 形上升的趋势，2018 年有所下降，比重一直在 21%~29% 波动；青海中等收入人群比重呈波动下降趋势，2004 年达到最大，之后呈现波动下降的趋势，比重一直在 18%~26% 波动；新疆的城镇中等收入人群比重呈现波动下降趋势，比重一直在 22%~28% 波动；宁夏的中等收入人群比重也较为稳定，一直在 21%~24.5% 波动，更为稳定。

（二）西北五省份农村中等收入人群比重

依旧采用非参数核密度估计方法来测算西北五省份农村中等收入人群比重。

表4-4为根据核密度计算的2000~2018年西北地区农村中等收入人群比重。

表4-4 西北五省份农村中等收入人群比重（宁夏数据缺失） 单位:%

年份	陕西	甘肃	青海	新疆	全国
2000	19.54	—	18.58	20.21	23.88
2001	16.52	—	19.96	20.38	23.32
2002	15.97	—	20.52	20.78	25.70
2003	20.91	15.72	15.86	21.08	22.45
2004	20.44	13.16	14.32	20.76	23.37
2005	17.95	19.43	20.54	17.18	23.35
2006	19.40	18.63	20.09	16.44	24.03
2007	21.19	17.63	18.95	17.75	23.93
2008	23.95	18.54	17.91	20.48	24.42
2009	20.69	19.80	11.72	15.67	24.71
2010	20.04	19.44	13.03	14.46	24.69
2011	20.36	19.79	23.44	15.97	25.23
2012	16.07	19.34	24.46	16.96	23.79
2013	25.16	19.00	26.09	18.89	26.33
2014	25.58	20.57	27.73	19.46	27.43
2015	23.98	21.74	29.36	18.93	27.19
2016	25.21	21.77	23.86	19.00	27.27
2017	—	20.94	24.04	17.26	26.52
2018	—	19.53	24.60	13.50	25.68
平均	20.76	19.06	20.07	18.17	24.91

注：由于2013~2014年青海城镇和农村人均可支配收入分组数据的不可得，本章采用线性插值法对青海2013~2014年的城镇和农村中等收入比重数据进行补充。

资料来源：根据各省份的统计年鉴计算整理而得。

从平均水平来看，全国的农村中等收入人群比重高于西北五省份。从西北五省份内部看，陕西的比重最高，其次为青海，甘肃农村中等收入人群比重位居第三，新疆农村中等收入人群比重最低。

图4-7为西北五省份农村地区中等收入人群比重变化趋势。分时间看，2000~2003年，全国农村中等收入比重呈现倒"U"形变化；陕西表现为"U"形上升趋势，新疆为直线上升，青海与全国的变动趋势一样。2004~2012年，全

国农村中等收入比重呈上升趋势；陕西表现为倒"U"形下降，甘肃为波动上升趋势，青海呈"之"字形上升，新疆农村的中等收入人群则呈现出"W"形趋势；2012 年以后，全国比重显现出倒"U"形下降趋势，陕西的比重变化不大，甘肃也呈现倒"U"形，青海 2015 年的中等收入人口比重超过了全国，达到最高，新疆则呈现出整体下降趋势。除 2012 年和 2015 年青海的比重超过全国农村中等收入人群比重外，其他年度各省份农村中等收入人群的比重都低于全国。

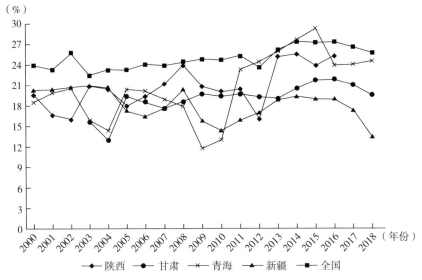

图 4-7　西北五省份农村地区中等收入人群比重变化趋势

注：宁夏数据缺失。

资料来源：根据各省份的统计年鉴计算整理而得。

分省份看，陕西农村的中等收入人群比重呈波动上升趋势，2014 年达到最大，2002 年最低，基本保持在 16%~25.5%；甘肃农村中等收入人群比重总体呈上升趋势，2016 年比重最高，2004 年最低，除 2004 年外，中等收入人群比重基本保持在 15.5%~22%；青海农村中等收入人群比重波动变化较大，2009 年比重最低（仅为 12%），2015 年达到最高达到 29%，甚至超过全国水平；新疆农村中等收入人群比重整体一直保持在 14.5%~21%，但 2000~2010 年呈现"M"形变化，2011~2018 年呈现倒"U"形变化，2004~2014 年波动变化趋势较大。

五、西北五省份中等收入人群比重

前文采用非参数核密度估计方法测算出西北五省份城镇与农村中等收入人群

比重。本部分依据公式：各省份中等收入人群比重＝（农村总人口×农村中等收入人群比重+城镇总人口×城镇中等收入人群比重）／（农村总人口+城镇总人口）计算得出 2000~2018 年西北五省份中等收入人群比重（见表 4-5）。

表 4-5　西北五省份中等收入人群比重（宁夏数据缺失）　　　单位:%

年份	陕西	甘肃	青海	新疆	全国
2000	19.63	—	20.49	22.54	24.69
2001	17.96	—	21.35	21.64	24.14
2002	15.40	—	21.30	21.62	25.50
2003	22.40	—	18.71	22.97	23.22
2004	21.50	16.88	18.82	22.48	23.65
2005	19.37	20.68	21.98	19.82	23.84
2006	20.28	20.00	21.58	19.09	24.25
2007	21.54	19.67	20.67	20.92	24.26
2008	22.88	19.32	18.90	22.27	24.67
2009	22.26	20.48	15.81	19.00	24.91
2010	21.75	20.47	16.84	18.53	24.82
2011	22.09	21.46	21.42	19.62	25.04
2012	19.41	20.99	22.05	21.02	24.69
2013	25.59	21.82	23.47	23.04	25.89
2014	26.45	23.58	24.88	23.08	26.70
2015	25.99	24.21	26.32	22.27	26.96
2016	26.06	24.90	21.00	21.47	27.08
2017	—	24.60	23.07	21.27	26.59
2018	—	21.72	20.90	17.70	26.37
平均	21.80	21.38	20.66	21.07	25.12

资料来源：根据各省份的统计年鉴计算整理而得。

从平均水平看，全国的中等收入人群比重高于其他省份，陕西、甘肃、青海和新疆四个省份的比重相差不大，陕西最高为 21.8%，青海最低为 20.66%，甘肃和新疆分别位于第二位和第三位。

图 4-8 为西北五省份中等收入人群比重变化趋势。分时间看，2000~2003 年，全国中等收入人群比重呈波动下降的变化，陕西和新疆为"U"形上升，青

海则为倒"U"形下降,陕西比重高于其他省份;2004~2008年,全国呈缓慢上升趋势,陕西和新疆为"U"形上升,青海则为倒"U"形下降,甘肃波动上升;2009~2012年,甘肃、青海和新疆呈上升趋势,陕西波动下降;2012年后,全国的中等收入人群比重开始呈倒"U"形下降,陕西的比重变化不大,一直在26%左右,甘肃为倒"U"形下降,青海的比重波动较大,出现波动下降,新疆也呈现下降趋势。

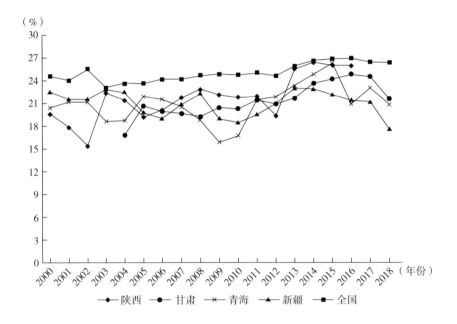

图4-8 西北五省份中等收入人群比重变化趋势

注:宁夏数据缺失。

资料来源:根据各省份的统计年鉴计算整理而得。

分省份看,陕西中等收入人群总体呈波动上升趋势,2002年最低,2014年最高,2013年后与全国水平较为接近;甘肃中等收入人群也呈出波动上升趋势,2004年最低,但2018年与2017年相比,下降幅度较大,在四个省份中一直保持在中间水平;青海中等收入人群2000~2009年呈波动下降趋势,2009年以后波动上升,2015年达到最大;新疆中等收入人群比重表现出波动下降趋势,2018年中等收入人群比重达到最低,2010年后,在四个省份中中等收入人群比重最低。四个省份的中等收入人群比重每年都低于全国水平,且2016~2018年的比重都有所降低。

第三节　西北五省份中等收入人群基尼系数比较

基尼系数是用以衡量一个国家或地区居民收入差距的国际常用指标，其数值最大为1，最小等于0，数值越接近0表明收入分配越趋向平等。国际惯例把0.2以下视为收入绝对平均，0.2~0.3视为收入比较平均；0.3~0.4视为收入相对合理；0.4~0.5视为收入差距较大，基尼系数达到0.5以上时，表示收入悬殊（王学力，2000）。

前文借鉴徐建华等（2003）和龙莹（2012，2015）的测度方法，以《中国统计年鉴》分组数据为基础，找到人均收入分布的中值，在中值附近确定中等收入人群的上、下限。为了衡量西北五省份在全国标准下中等收入区间的收入差距，本部分计算了中等收入人群的基尼系数。

由于《中国统计年鉴》及各省份历年统计年鉴没有全体居民中等收入的分组数据，因此只能利用"差值法"来计算各省份中等收入基尼系数，其结果也具有较高的准确性（李毅，2016）。

其计算公式：$G=I_u-P_u=P_r-I_r$。

其中，G、I_u、P_u 和 I_r 分别表示各省份城乡中等收入居民收入差距的基尼系数、各省份城镇中等居民收入占总中等收入居民中的比重、各省份城镇居民中等收入人口占总中等收入人口的比重和各省份城镇居民的中等收入比重，其中各省份农村居民的中等收入人口比重用 P_r 表示。G 代表各省份城乡居民中等收入基尼系数，取值在0~1，$G=1$ 代表绝对不平均，$G=0$ 代表完全平均。表4-6为计算的西北五省份中等收入人群基尼系数①。

表4-6　西北五省份中等收入人群基尼系数

年份	陕西	甘肃	青海	新疆	全国
2000	0.381	—	0.298	0.301	0.324
2001	0.327	0.311	0.340	0.318	
2002	0.411	—	0.333	0.368	0.346

---

① 实际是西北四省份数据，宁夏数据缺失，为了不影响表述仍采用西北五省份这一表述。

年份	陕西	甘肃	青海	新疆	全国
2003	0.346	—	0.266	0.344	0.317
2004	0.357	0.306	0.217	0.348	0.325
2005	0.338	0.411	0.321	0.298	0.312
2006	0.342	0.398	0.322	0.291	0.308
2007	0.342	0.371	0.307	0.274	0.292
2008	0.373	0.413	0.322	0.317	0.287
2009	0.291	0.412	0.192	0.257	0.273
2010	0.254	0.361	0.181	0.201	0.252
2011	0.234	0.328	0.337	0.208	0.239
2012	0.149	0.313	0.319	0.187	0.193
2013	0.218	0.258	0.309	0.192	0.207
2014	0.190	0.240	0.291	0.186	0.196
2015	0.151	0.237	0.281	0.175	0.169
2016	0.158	0.210	0.275	0.183	0.156
2017	—	0.181	0.213	0.135	0.138
2018	—	0.195	0.261	0.099	0.118

注：由于宁夏回族自治区缺少农村分组数据，因此无法测度中等收入人群基尼系数。

资料来源：笔者计算整理所得。

　　从计算结果看，全国中等收入居民基尼系数呈下降趋势，且一直低于0.4，中等收入的收入差距较小。2000~2006年，基尼系数大于0.3；到2014年，基尼系数降低到0.2；2014年后，基尼系数继续下降，到2018年甚至达到了0.12。

　　分省份看，陕西中等收入人群基尼系数总体呈下降趋势，2000~2008年，基尼系数处于0.3~0.4，一直高于全国水平，只有2002年超越了0.4，2009年后，基尼系数也呈现下降趋势，变动基本与全国保持一致，基尼系数基本小于全国水平；甘肃中等收入人群基尼系数2005年后一直高于全国水平，2005~2009年有四年超越了0.4的警戒线，但总体呈下降趋势，到2018年已经下降到0.2以下；青海的中等收入人群基尼系数一直小于0.4，2011年以前，基尼系数一直在0.18~0.34之间波动变化，2012后呈下降趋势；新疆的基尼系数一直在0.4以下且整体呈下降趋势，2012年后基尼系数低于0.2，与全国中等收入基尼系数相差不大。

分年份看，2000~2004 年，青海中等收入人群基尼系数一直低于其他三个省份及全国水平，其次为新疆和陕西；2005~2008 年，甘肃基尼系数一直最高，其次为陕西，青海位于第三，且这三个省份基尼系数高于全国，新疆位于第四，2007 年后其基尼系数开始低于全国水平；2009~2018 年，青海基尼系数呈现倒"U"形，超越甘肃位居第一，甘肃基尼系数开始低于青海，位居第二，新疆基尼系数开始低于 0.2，陕西与新疆位于第三或第四。除青海外，其他三个省份基尼系数都表现为下降趋势（见图 4-9）。

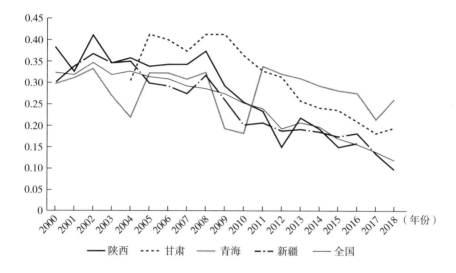

图 4-9 西北五省份城乡中等收入人群基尼系数变化趋势

注：宁夏数据缺失。

资料来源：根据各省份的统计年鉴计算整理而得。

第四节 研究发现及建议

本章利用全国及西北五省份的城乡收入分组数据，采用核密度估计方法对西北五省份中等收入人群的比重进行了测度，并利用插值法对西北五省份中等收入人群基尼系数进行计算，得出以下发现：①陕西、甘肃、青海和新疆中等收入人群比重一直小于全国水平；②西北各省份城乡中等收入人群比重相差不大，农村中等收入人群比重小于城镇；③四省份中等收入基尼系数都低于0.4，且整体表现出下降趋势，但中等收入基尼系数基本高于全国水平。

基于以上分析，可以得出：

四个省份城镇中等收入人群比重与全国水平相差不大，中等收入人群比重均低于全国水平，主要是农村的中等收入人群比重低于全国水平导致的，扩大中等收入阶层，解决农民收入问题十分关键。因此，要高度重视农村地区收入水平较低的问题，采取有力措施促进农村居民收入水平提升。

首先，要扩大西北地区中等收入人群比重，着力提高低收入群体的收入，使一部分低收入者进入中等收入人群。

其次，应继续大力发展农村经济，加快乡村振兴，促进农村居民收入水平的整体提高，进而增加中等收入人群的比重。

最后，加强农村教育培训，通过技术培训提升农村居民整体技能水平，为乡村振兴提供人才支持，通过科技创新手段加快农村相关产业发展，促进农村居民收入水平提升，实现扩大中等收入人群和持续增收目的。

除了增加农民收入外，还应加快城镇化建设，使更多的农民尤其是进城务工人员成为中等收入者，这是扩大中等收入者和增加收入的根本。一方面，加快城镇化建设，带动农民群体成为中等收入者。农村地区低收入阶层相对集中，而城镇更有利于经济的发展和产业结构的调整、升级。加大专业技能培训力度，健全城镇服务体系，吸纳更多的农民进入小城镇，转化为城镇居民，让更多的农民成为中等收入人群，步入中间阶层。另一方面，将基尼系数控制在合理水平，实现农村和城镇居民收入的同步增加，逐步缩小城乡收入差距，共享经济发展红利，实现共同富裕目的。

第五章 青海省中等收入人群收入来源构成贡献度及实证分析

由于西藏相关数据涉密不可获得，本章以青海省各市州为例，探究青藏地区中等收入人群收入来源构成及不同收入来源对中等收入增长的影响，选用2015～2018年国家统计局青海调查总队入户调研的原始数据①，并结合课题组线上线下2156份调查问卷，采用描述性统计对青海省各市州的中等收入结构特征及其对收入增长的贡献进行对比，并运用基尼系数分解模型分析不同收入来源对各市州中等收入差距及收入差距变化的贡献度，基于分析结果对青海省中等收入人群如何实现增收、如何缩小收入差距提出合理化的政策建议。

第一节 收入来源的概念界定

在现行的统计指标中，把收入来源按照城乡居民家庭总收入分为四部分，包括工资性收入、家庭经营性收入、财产性收入、转移性收入（张笑寒和金少涵，2018）。

工资性收入指家庭成员受雇于单位或个人，通过各种途径出卖自己劳动得到的全部报酬，包括所从事主要职业的工资及从事第二职业、其他兼职和零星劳动得到的其他劳动收入。

家庭经营性收入指以家庭为生产经营单位进行生产筹划和管理而获得的收入。不包括亲友馈赠、财政补贴、救灾救济、退休金、意外所获等借贷性质、暂收性质及从乡村集体经济组织外获取的转移性收入。

财产性收入指通过资本参与社会生产和生活活动所产生的收入。即家庭拥有

---

① 注：数据经脱密处理，不公布细节数据。

的动产（如银行存款、有价证券、车辆、收藏品）和不动产（如房屋等）所获得的收入。包括出让财产使用权所获得的利息、租金、专利收入，财产营运所获得的红利收入、财产增值收益等。

转移性收入指国家、单位、社会团体对居民家庭的各种转移支付和居民家庭间的收入转移。家庭成员无须付出任何对应物而获得的货物、服务、资金或资产所有权等，如政府对个人收入转移的离退休金、失业救济金、赔偿等。

第二节　描述性统计分析

一、青海城乡居民收入来源及消费支出的描述性统计

为深入了解青海城乡居民收入消费状况，课题组采用网上问卷和纸质问卷的调查方式。整个问卷发放过程持续 8 个多月，于 2020 年 3~11 月发放问卷 3568 份，共计回收 2156 份有效问卷（无效问卷 1412 份，填答不完整或前后矛盾）①，其中，1342 份有效问卷覆盖了青海 42 个县（区）级行政区域。根据数据收集的结果将 2019 年青海城乡居民收入来源及消费分项情况如表 5-1 所示。

表 5-1　青海城乡居民收入来源的统计分析　　　　　单位:%

组别	青海样本描述性统计			
	工资性收入	经营性收入	财产性收入	转移性收入
	频率	频率	频率	频率
(-∞，1 万]	10.0	60.5	51.4	66.8
(1 万，3 万]	20.7	18.5	19.2	17.1
(3 万，5 万]	11.1	7.3	8.7	6.5
(5 万，10 万]	17.8	6.2	5.6	4.4
(10 万，20 万]	27.4	5.0	6.6	2.3
(20 万，30 万]	9.5	1.1	5.5	1.1
(30 万，50 万]	2.1	0.7	1.7	1.1

①　通过线上和委托当地大学生发放问卷，并通过线上培训和指导，确保准确表达调研目的和调研内容，尽可能提高问卷回收有效性，但有效问卷率仅为 60.4%。

续表

组别	青海样本描述性统计			
	工资性收入	经营性收入	财产性收入	转移性收入
	频率	频率	频率	频率
（50万，+∞）	0.9	0.3	0.9	0.4

资料来源：笔者根据问卷数据整理所得。

在青海的总样本中，工资性收入在 10 万~20 万元的家庭有 27.4%，占比最高，其次是在 1 万~3 万元，占比 20.7%，最后是在 5 万~10 万元，占比 17.8%；有超过 50% 的家庭的经营性收入、财产性收入、转移性收入均集中在小于 1 万元的区间，占比分别为 60.5%、51.4%、66.8%，有近 20% 的家庭的这三类收入均集中在 1 万~3 万元。由此可知，青海大多数家庭将工资性收入作为主要收入来源之一。

由表 5-2 可知，衣、食、住、行是青海总体居民的主要消费支出。家庭最主要的消费支出类型是居住类，其次依次是衣着类、交通通信类、食品烟酒类、文化教育娱乐类、生活用品及服务类、医疗保健类。具体来看，食品烟酒类、衣着类、居住类、生活用品及服务类、交通通信类、文化教育娱乐类、医疗保健类的消费支出均集中在 1000 元~1 万元，家庭占比分别为 33.8%、43.0%、38.1%、36.5%、35.2%、37.8%、42.2%，其次是 1000 元以下。由此可见，青海大多数居民的消费支出处于低水平。

表 5-2　2019 年青海各项消费支出的统计分析　　　　单位:%

组别	食品烟酒类	衣着类	居住类	生活用品及服务类	交通通信类	文化教育娱乐类	医疗保健类
	频率	频率	频率	频率	频率	频率	频率
（-∞，0.1万]	30.1	23.5	25.7	24.4	27.4	32.0	26.3
（0.1万，1万]	33.8	43.0	38.1	36.5	35.2	37.8	42.2
（1万，3万]	23.8	24.9	24.8	26.9	21.3	21.3	19.0
（3万，5万]	9.3	6.1	7.6	7.9	12.8	6.1	6.5
（5万，10万]	2.2	1.4	1.4	3.1	0.8	2.0	3.5
（10万，20万]	0.4	0.5	0.6	0.7	0.2	0.2	1.1
（20万，30万]	0.2	0.1	0.8	0.2	0.1	0.1	0.8
（30万，+∞）	0.0	0.1	0.6	0.1	0.1	0.0	0.1

续表

组别	食品烟酒类	衣着类	居住类	生活用品及服务类	交通通信类	文化教育娱乐类	医疗保健类
	频率	频率	频率	频率	频率	频率	频率
各项花费排名	4	2	1	6	3	5	7

资料来源：笔者根据问卷数据整理所得。由于其他用品及服务类消费支出占比较小，调查问卷设计不涉及此项题目。

为进一步观测 2019 年青海城镇和农村不同收入来源的收入分布情况，绘制出图 5-1。

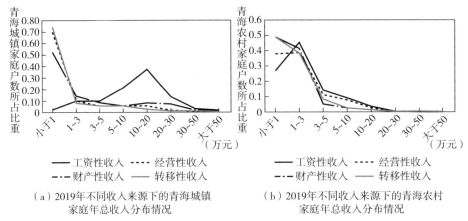

（a）2019 年不同收入来源下的青海城镇
家庭年总收入分布情况

（b）2019 年不同收入来源下的青海农村
家庭年总收入分布情况

图 5-1 2019 年不同收入来源下的青海城镇和农村家庭年总收入分布情况

资料来源：笔者根据问卷数据整理所得。

由图 5-1（a）可知，青海城镇家庭工资性收入曲线整体呈"金字塔"形，其中心偏右侧，总体分布主要集中在 5 万~30 万元，其所对应的城镇家庭户数占比 72.64%。工资性年总收入 10 万 ~20 万元的城镇家庭户数所占比重最高，为 37.54%，工资性年总收入 10 万 ~20 万元的城镇家庭户数占比最低，为 1.27%。由此可见，有 50% 以上的青海城镇家庭收入来源主要依靠工资性收入。

青海城镇家庭经营性、财产性、转移性的收入曲线整体走势大体一致，总体分布均主要集中在 1 万元以下，占比分别为 69.99%、52.49%、74.34%。可见，经营性、财产性、转移性收入并不是大多数青海城镇家庭的主要收入。

从图 5-1（b）可以发现，青海省农村家庭工资性收入主要集中在 1 万~3 万元，所对应的农村家庭户数占比 45.36%，与城镇家庭工资性收入集中分布在 5

万~30 万元相比,两者收入差距较大。在 1 万~3 万元、3 万~5 万元、5 万~10 万元、10 万~20 万元这五个收入区间中,工资性收入所占比重大于其他三项收入所占比重,青海农村家庭收入来源主要依靠工资性收入。

与城镇的调查结果类似,青海农村家庭的经营性、财产性和转移性的收入曲线整体走势大体一致,总体分布均主要集中在 1 万元,占比分别为 38.1%、38.88%、49.12%。与城镇不同的是,农村家庭的经营性、财产性和转移性的收入集中在 1 万~3 万元的家庭也较多,经营性收入、财产性收入、转移性收入并不是大多数青海农村家庭的主要收入组成部分。

二、青海城乡中等收入人群收入来源的描述性统计

根据青海省调查统计总队提供的原始统计数据(2015~2018 年),分析结果如表 5-3 所示,发现:

(1)工资性收入是青海省中等收入人群的收入来源。在城乡中等收入人群中,工资性收入所占比重最高,均高于 40%,青海城镇中等收入人群收入来源中工资性收入高于农村,比重高于 50%。

(2)青海农村中等收入人群的经营性收入所占比重呈上升趋势,2015~2018 年上升了约 10 个百分点,达 40%;城镇小于农村,近 4 年来呈现波动上升趋势。

(3)城乡中等收入人群转移收入所占比重相差不大,且比重变化趋势不大,城镇略高于农村,反映了国家对农民的支持程度。

(4)城乡中等收入人群的财产性收入所占比重都不高,均低于 10%,且青海城镇中等收入人群的财产性收入来源呈下降趋势,农村中等收入人群则更低,均低于 5%,但呈现上升趋势,说明青海农村中等收入人群的理财意识开始增强。

表 5-3 2015~2018 年青海省城乡中等收入人群不同收入来源金额及比重

单位:元,%

指标	2015 年		2016 年		2017 年		2018 年	
	收入	比重	收入	比重	收入	比重	收入	比重
城镇居民人均可支配收入	23501	100	25817	100	28394	100	29272	100
工资性收入	14147	60.20	13915	57.00	16367	57.64	16002	54.67
经营性收入	2916	12.41	6081	18.89	5118	18.03	6594	22.53
财产性收入	1905	8.10	1753	7.52	2061	7.26	1694	5.79
转移性收入	4533	19.29	4068	16.60	4848	17.07	4981	17.02

续表

指标	2015 年		2016 年		2017 年		2018 年	
	收入	比重	收入	比重	收入	比重	收入	比重
农村居民人均可支配收入	12454	100	12624	100	14949	100	16015	100
工资性收入	5938	47.68	5292	41.92	5977	39.99	6774	42.30
经营性收入	3655	29.35	4116	32.60	5704	38.15	5960	37.21
财产性收入	366	2.94	565	4.47	602	4.03	661	4.13
转移性收入	2495	20.03	2651	21.00	2666	17.83	2620	16.36

资料来源：根据国家统计局青海调查总队提供的基础数据整理得到。

由图 5-2 也可以看出，青海省城乡中等收入人群不同收入来源中，工资性收入所占比重较大，其次为经营性收入，转移性收入位居第三，财产性收入所占比重最小。工资性收入和转移性收入的比重整体呈下降趋势；经营性收入的比重整体呈增长趋势；财产性收入的变动不大，青海城镇中等收入人群的财产性收入比重呈下降趋势，而青海农村中等收入人群的财产性收入比重呈增长趋势。

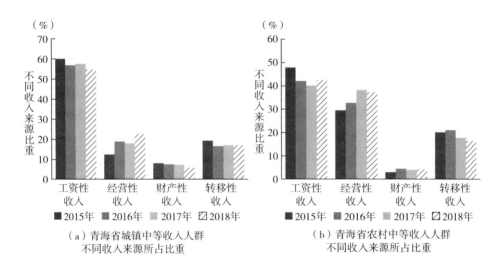

（a）青海省城镇中等收入人群
不同收入来源所占比重

（b）青海省农村中等收入人群
不同收入来源所占比重

图 5-2　青海省城乡中等收入人群不同收入来源所占比重

资料来源：根据国家统计局青海调查总队提供的基础数据整理得到。

第三节 青海省中等收入人群的收入结构特征及其对收入增长的贡献

一、中等收入人群的收入结构特征分析

（一）城镇中等收入人群收入结构的横纵向对比

表5-4列出了2015~2018年青海各市州城镇中等收入人群各分项收入的构成比重变化情况。在各市州城镇中等收入人群的收入来源中，工资性收入占比最高（仅2016年的海南州和2018年的玉树州例外），比重基本处于45%~70%。2015年，青海各市州城镇中等收入人群的各分项收入大多为"工资性收入>转移性收入>经营性收入>财产性收入"，仅黄南州和海西州经营性收入大于转移性收入；到了2018年，一半市州的"工资性收入>经营性收入>转移性收入>财产性收入"，西宁市、海东市、黄南州的转移性收入大于经营性收入，玉树州的经营性收入最高。

表5-4 青海各市州按收入来源划分的城镇中等收入人群人均可支配收入份额

单位:%

年份	收入来源	西宁市	海东市	海北州	黄南州	海南州	果洛州	玉树州	海西州
2015	人均收入	100	100	100	100	100	—	—	100
	工资性收入	58.32	52.05	77.85	58.80	44.28	—	—	74.64
	经营性收入	13.02	9.41	7.07	20.46	19.53	—	—	12.99
	财产性收入	11.28	4.83	4.69	4.94	11.07	—	—	3.98
	转移性收入	17.39	33.70	10.39	15.80	25.12	—	—	8.38
2016	人均收入	100	100	100	100	100	100	100	100
	工资性收入	55.45	52.39	65.14	54.31	39.61	92.09	53.48	59.57
	经营性收入	12.98	19.17	23.76	24.27	44.05	4.56	12.85	22.81
	财产性收入	13.16	3.59	1.53	6.54	2.81	0.13	8.19	5.45
	转移性收入	18.41	24.84	9.57	14.88	13.54	3.22	25.48	12.17
2017	人均收入	100	100	100	100	100	100	100	100
	工资性收入	60.32	48.88	61.72	57.96	48.14	61.41	53.51	59.13

续表

年份	收入来源	西宁市	海东市	海北州	黄南州	海南州	果洛州	玉树州	海西州
2017	经营性收入	8.33	23.72	26.47	23.82	37.95	12.36	18.39	22.41
	财产性收入	12.06	5.75	1.55	8.51	0.90	2.31	6.07	3.98
	转移性收入	19.29	21.65	10.26	9.72	13.01	23.92	22.03	14.48
2018	人均收入	100	100	100	100	100	100	100	100
	工资性收入	58.50	56.81	43.95	56.21	52.89	49.03	33.87	73.63
	经营性收入	12.29	18.95	32.56	15.28	27.20	26.42	56.73	14.91
	财产性收入	9.27	2.49	4.78	2.40	5.24	5.86	4.45	2.15
	转移性收入	19.94	21.74	18.70	26.10	14.67	18.70	4.95	9.32

资料来源：根据国家统计局青海调查总队提供的基础数据整理得到。

青海城镇中等收入人群的经营性收入和转移性收入一直处于波动状态，可能是受政策导向和区域政策影响较大，作为资源大省的青海，生态环境保护被持续关注，采取了如"退耕还林""退耕还草"等生态保护措施，进而对游牧民给予生态保护补贴资金等。不同市州的城镇中等收入人群收入构成呈现出不同的特点。

整体而言，工资性收入是各市州城镇中等收入人群的最主要收入来源，其次依次是经营性收入、转移性收入、财产性收入。

图5-3为青海省各市州2015～2018年，按收入来源划分的城镇中等收入人群人均可支配收入份额。

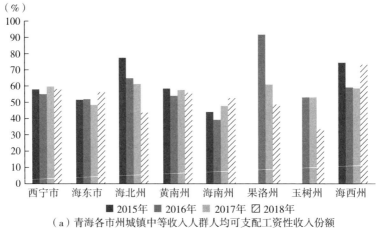

（a）青海各市州城镇中等收入人群人均可支配工资性收入份额

图5-3 青海各市州按收入来源划分的城镇中等收入人群人均可支配收入份额

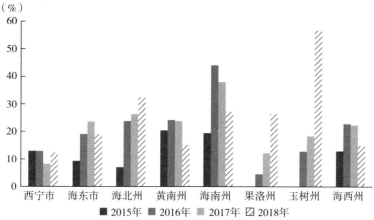

（b）青海各市州城镇中等收入人群人均可支配经营性收入份额

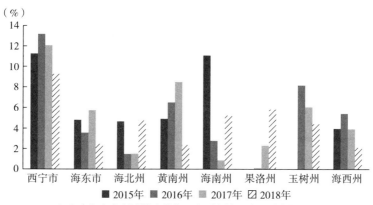

（c）青海各市州城镇中等收入人群人均可支配财产性收入份额

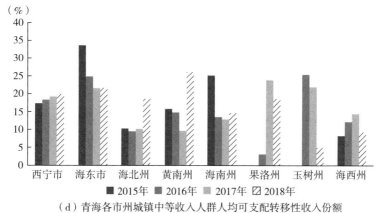

（d）青海各市州城镇中等收入人群人均可支配转移性收入份额

图 5-3　青海各市州按收入来源划分的城镇中等收入人群人均可支配收入份额（续）

资料来源：根据国家统计局青海调查总队提供的基础数据整理得到。

2015~2018 年，西宁市城镇中等收入人群的人均可支配收入、工资性和转移性收入所占份额呈上升趋势，经营性收入表现为小幅度下降，财产性收入明显下降；海东市的工资性和经营性收入呈明显上升趋势，财产性收入、转移性收入明显下降；海北州的工资性收入变化呈直线下降，经营性和转移性收入呈增长趋势，财产性收入则呈倒"U"形；黄南州的工资性收入表现为小幅度下降，但近四年处于比较持平的状态，经营性收入、财产性收入呈现明显下滑趋势，转移性收入明显上升；海南州的工资性收入和经营性收入所占份额不断上升，财产性收入和转移性收入明显下降；果洛州和玉树州的工资性收入份额不断下降，经营性收入份额呈稳步上升态势，财产性收入和转移性收入所占份额均不高；海西州城镇中等收入人群的工资性收入份额呈"U"形，经营性收入、财产性收入、财产性收入份额均呈倒"U"形。

可以发现，2015~2018 年，青海省 8 个市州城镇四项收入来源的变动趋势不一致，主要包括上升、下降、"U"形、倒"U"形四种变化趋势（见表 5-5）。

表 5-5　青海各市州城镇四项收入来源的变动状况

收入来源	上升	下降	"U"形	倒"U"形
工资性收入	西宁市	海北州、果洛州、玉树州、黄南州	海东市、海南州、海西州	—
经营性收入	海北州、果洛州、玉树州	—	西宁市	海东市、黄南州、海南州、海西州
财产性收入	果洛州、	海东市、玉树州	海北州、海南州	西宁市、黄南州、海西州
转移性收入	西宁市	海东市、玉树州	海北州、黄南州、海南州	果洛州、海西州

资料来源：根据国家统计局青海调查总队提供的基础数据整理得到。

为进一步观测青海城镇中等收入结构的动态变化，本书测算了青海省各市州不同收入来源下的城镇中等人均收入的年环比增幅（见表 5-6）。

2016 年，工资性收入、经营性收入、财产性收入、转移性收入增加的市州分别有 4 个、6 个、3 个和 3 个，其增幅最大的分别是海南州、海北州、海西州和海西州，各市州经营性收入的平均增速最高，财产性收入最低（为负）。

表5-6　青海各市州不同收入来源下的城镇中等收入人群人均收入的年环比增速

单位:%

年份	收入来源	西宁市	海东市	海北州	黄南州	海南州	果洛州	玉树州	海西州	各市州平均增速
2016	人均收入	0.49	−12.64	157.27	66.45	348.18	—	—	71.65	105.23
	工资性收入	3.70	8.71	−11.17	2.48	8.93	—	—	−13.54	−0.15
	经营性收入	8.71	120.01	256.49	31.60	174.68	—	—	90.21	113.62
	财产性收入	27.26	−19.79	−65.39	46.99	−69.13	—	—	48.27	−5.30
	转移性收入	15.50	−20.38	−2.14	4.54	−34.40	—	—	57.25	3.40
2017	人均收入	12.60	8.97	9.07	10.52	4.97	19.10	11.57	9.69	10.81
	工资性收入	22.49	1.67	3.34	17.96	27.58	−20.57	11.62	8.88	9.12
	经营性收入	−27.71	34.79	21.51	8.45	−9.56	222.86	59.71	7.77	39.73
	财产性收入	3.19	74.56	10.68	43.69	−66.37	2012.50	−17.37	−19.87	255.13
	转移性收入	17.99	−5.03	16.93	−27.83	0.88	783.38	−3.52	30.49	101.66
2018	人均收入	1.62	6.73	9.16	8.54	4.35	−13.53	−1.68	6.57	2.72
	工资性收入	−1.44	24.05	−22.26	5.26	14.63	−30.97	−37.77	32.70	−1.98
	经营性收入	49.93	−14.73	34.31	−30.36	−25.22	84.86	203.29	−29.11	34.12
	财产性收入	−21.89	−53.73	236.31	−69.32	508.60	119.29	−27.86	−42.50	81.11
	转移性收入	5.01	7.19	98.90	191.51	17.69	−32.42	−77.90	−31.41	22.32

资料来源：根据国家统计局青海调查总队提供的基础数据整理得到。

2017年，工资性收入、经营性收入、财产性收入、转移性收入增加的市州分别有7个、6个、5个和5个，工资性收入增幅最大的市州是海南州，经营性收入、财产性收入、转移性收入增幅最大的市州均是果洛州，各市州财产性收入的平均增速最高，工资性收入最低。

2018年，工资性收入、经营性收入、财产性收入、转移性收入增加的市州分别有4个、4个、3个和5个，其增幅最大的市州分别是海西州、玉树州、海南州和黄南州，各市州财产性收入的平均增速最高，工资性收入最低（为负）。

总体来说，随着城市化、市场化的进一步推进，青海各市州城镇中等收入人群的人均财产性收入增幅较大。工资性收入增速有所下降，但收入增长的市州个数相对较多。经营性收入和转移性收入增速均有所提升。

（二）农村中等收入人群收入结构的横纵向对比

以表5-7的数据资料来看，青海两市六州农村中等收入人群收入的4项来源中，财产性收入占比最低，均低于10%，最低的甚至低于1%（果洛和玉树州除外），居民的理财意识较低；工资性收入和经营性收入占比最高，两者占比高达70%，甚至达到80%以上。

表5-7 青海各市州按收入来源划分的农村中等收入人群人均可支配收入份额

单位:%

年份	收入来源	西宁市	海东市	海北州	黄南州	海南州	果洛州	玉树州	海西州
2015	全部收入	100	100	100	100	100	—	—	100
	工资性收入	62.21	46.96	37.82	49.65	13.25	—	—	50.65
	经营性收入	15.76	27.06	39.12	32.39	58.31	—	—	36.06
	财产性收入	4.72	0.76	1.93	1.83	6.10	—	—	3.15
	转移性收入	17.31	25.22	21.12	16.12	22.34	—	—	10.14
2016	全部收入	100	100	100	100	100	100	100	100
	工资性收入	60.11	51.05	31.08	36.04	20.17	5.21	11.14	52.17
	经营性收入	17.43	18.68	46.19	43.92	48.32	61.13	58.79	29.07
	财产性收入	4.86	0.75	4.16	4.22	8.83	17.07	12.10	3.33
	转移性收入	17.59	29.52	18.57	15.81	22.67	16.59	17.97	15.42
2017	全部收入	100	100	100	100	100	100	100	100
	工资性收入	64.26	44.21	26.92	17.45	27.98	11.61	14.46	40.24
	经营性收入	19.01	27.41	55.61	59.43	50.25	72.39	54.86	36.59
	财产性收入	5.80	1.07	2.54	3.89	5.68	6.48	3.06	4.98
	转移性收入	10.93	27.32	14.94	19.24	16.09	9.52	27.61	18.20
2018	全部收入	100	100	100	100	100	100	100	100
	工资性收入	69.80	55.15	32.63	25.36	41.12	18.79	15.04	36.34
	经营性收入	19.95	21.78	51.26	50.09	33.86	49.55	73.11	38.94
	财产性收入	2.91	0.94	2.31	10.34	5.71	7.45	1.04	1.54
	转移性收入	7.34	22.13	13.80	14.21	19.32	24.20	10.81	23.17

资料来源：根据国家统计局青海调查总队提供的基础数据整理得到。

进一步观察可知，2015年，青海各市州农村中等收入人群的各分项收入构成情况大多呈现"工资性收入>经营性收入>转移性收入>财产性收入"的特点，仅海南州工资性收入小于经营性收入、转移性收入；2018年，西宁市、海东市、海南州的"工资性收入>经营性收入>转移性收入>财产性收入"，其他地区的经营性收入占比则大于工资性收入。

总体而言，青海各市州的中等收入农民收入来源均表现为以工资性收入和经营性收入为主，以转移性收入和财产性收入为辅。

图5-4为2015~2018年青海省各市州按收入来源划分的农村中等收入人群人均可支配收入份额。

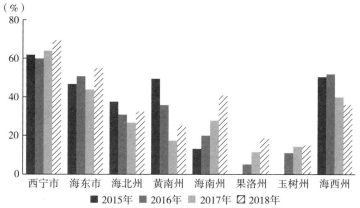

（a）青海各市州农村中等收入人群人均可支配工资性收入份额

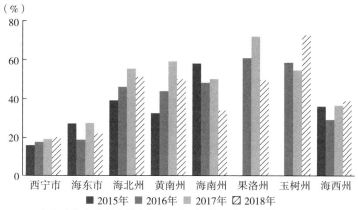

（b）青海各市州农村中等收入人群人均可支配经营性收入份额

图5-4　青海各市州按收入来源划分的农村中等收入人群人均可支配收入份额

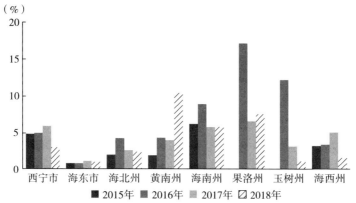

（c）青海各市州农村中等收入人群人均可支配财产性收入份额

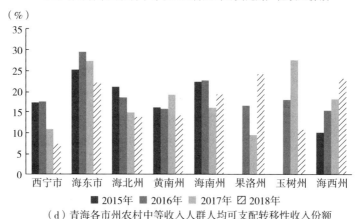

（d）青海各市州农村中等收入人群人均可支配转移性收入份额

图 5-4　青海各市州按收入来源划分的农村中等收入人群人均可支配收入份额（续）

资料来源：根据国家统计局青海调查总队提供的基础数据整理得到。

2015～2018 年，西宁市和海东市的工资性收入所占比重较高，总体呈上升趋势。海东市的财产性收入所占比重极低，最高的 2017 年仅有 1.07%。海北州农村中等收入人群的工资性收入和转移性收入呈下降趋势，经营性收入比重不断上升。黄南州基本收入（工资性收入和经营性收入）所占比重呈下降趋势，黄南州农村中等收入人群的财产性收入逐渐提高，农民的理财意识增强。海南州的工资性所占比重不断增加，经营性收入比重有所下降，工资性收入的比重甚至超过了经营性收入。果洛州和玉树州农村中等收入人群的主要收入来源于放牧，经营性收入所占比重较大，工资性收入所占比重小于其他市州，但呈上升趋势。海西州工资性收入和经营性收入所占比重呈下降趋势，转移性收入逐年上升，国家给予的各项补助与扶持资金逐年增加。

可以发现，2015~2018 年，青海省 8 个市州农村四项收入来源的变动趋势不一致，主要包括上升、下降、"U"形、倒"U"形四种变化趋势（见表 5-8）。

表 5-8　青海各市州农村四项收入来源的变动状况

收入来源	上升	下降	"U"形	倒"U"形
工资性收入	海东市、海南州、果洛州、玉树州	海西州	西宁市、海北州、黄南州	—
经营性收入	西宁市	海东市、海南州	玉树州、海西州	海北州、黄南州、果洛州
财产性收入	黄南州	果洛州、玉树州	—	西宁市、海北州、海南州、海西州、海东市
转移性收入	海西州	西宁市、海北州	海南州、果洛州	海东市、黄南州、玉树州

资料来源：根据国家统计局青海调查总队提供的基础数据整理得到。

为进一步观测青海农村中等收入结构的动态变化，本书测算了青海省各市州不同收入来源下的农村中等人均收入的年环比增幅（见表 5-9）。

表 5-9　青海各市州不同收入来源下的农村中等收入人群人均收入的年环比增速

单位:%

年份	收入来源	西宁市	海东市	海北州	黄南州	海南州	果洛州	玉树州	海西州	各市州平均增速
2016	人均收入	1.57	3.87	2.83	-6.03	3.70	—	—	1.18	1.19
	工资性收入	-1.85	12.92	-15.50	-31.79	57.92	—	—	4.22	4.32
	经营性收入	12.35	-28.31	21.41	27.40	-14.06	—	—	-18.43	0.06
	财产性收入	4.66	3.02	121.49	116.51	50.14	—	—	6.99	50.47
	转移性收入	3.21	21.58	-9.62	-7.81	5.24	—	—	53.94	11.09
2017	人均收入	18.94	15.73	23.13	21.28	15.51	3.66	-81.03	16.86	4.26
	工资性收入	27.15	0.23	6.64	-41.29	60.23	130.98	-75.37	-9.88	12.34
	经营性收入	29.72	69.83	48.22	64.10	20.13	22.76	-82.30	47.06	27.44
	财产性收入	41.71	63.67	-24.97	11.75	-25.75	-60.66	-95.20	74.53	-1.87
	转移性收入	-26.09	7.08	-0.91	47.54	-18.05	-40.51	-70.86	37.93	-7.98

续表

年份	收入来源	西宁市	海东市	海北州	黄南州	海南州	果洛州	玉树州	海西州	各市州平均增速
2018	人均收入	4.54	12.65	10.20	12.81	4.44	15.59	104.13	6.87	21.40
	工资性收入	13.54	40.53	33.62	63.99	53.47	87.07	112.30	-3.47	50.13
	经营性收入	9.72	-10.47	1.59	-4.92	-29.64	-20.87	172.04	13.77	16.40
	财产性收入	-47.53	-0.40	0.24	199.66	5.04	32.97	-30.93	-66.89	11.52
	转移性收入	-29.78	-8.75	1.79	-16.64	25.40	193.91	-20.09	36.06	22.74

资料来源：根据国家统计局青海调查总队提供的基础数据整理得到。

2016~2018年，青海农村中等收入人群工资性收入增加的市州越来越多，经营性收入增加的市州越来越少，这可能与国家重视青海省生态保护有关，许多以放牧为主要收入来源的县区开始转而外出打工，因此工资性收入增长较多，经营性收入有所下降；各市州财产性收入和转移性收入表现出波动变化，地方政府应合理地帮助农村居民提高财产性收入和转移性收入以促进经济增长。

2016年，工资性收入、经营性收入、财产性收入、转移性收入增加的市州分别有3个、3个、6个和4个，其增幅最大的市州分别是海南州、黄南州、海北州和海西州，各市州财产性收入的平均增速最高，经营性收入最低。

2017年，工资性收入、经营性收入、财产性收入、转移性收入增加的市州分别有5个、7个、4个和3个，其增幅最大的市州分别是果洛州、海东市、海西州和黄南州，各市州经营性收入的平均增速最高，财产性收入最低。

2018年，工资性收入、经营性收入、财产性收入、转移性收入增加的市州分别有7个、4个、4个和4个，其增幅最大的市州分别是玉树州、玉树州、黄南州和果洛州，各市州工资性收入的平均增速最高，财产性收入最低。

总体来说，随着城市化、市场化的进一步推进，青海各市州城镇中等收入人群的人均财产性收入增幅较大。工资性收入增速有所下降，但收入增长的市州个数相对较多。经营性收入和转移性收入增速均有所提升。

二、促进中等收入人群收入增长的贡献分析

不同收入来源对于收入增长的促进或抑制作用有所不同，通过式（5-1）计算了青海各市州不同收入来源对城镇和农村居民中等收入增长的贡献份额（柴宏蕊等，2019），计算结果如表5-10和表5-11所示：

$$\frac{f_{i,t+1}-f_{i,t}}{f} \tag{5-1}$$

其中，f 表示人均可支配收入，$i = 1$、2、3、4，分别表示工资性收入、经营性收入、财产性收入和转移性收入，t 表示时间。

（一）城镇中等收入人群收入增长的主要来源

观察表 5-10 发现，2015~2016 年，大部分市州（除西宁市外）收入增长来源于经营性收入。2016~2017 年，有一半市州的收入增长来源于工资性收入，经营性收入是海东市和海北州的收入增长来源，转移性收入对果洛州和玉树州的收入增长贡献最大，这可能是因为三江源自然保护区主要覆盖范围在玉树州和果洛州两个藏族自治州全境，进而在生态保护政策导向下形成这样的收入增长特点。2017~2018 年，有 4 个市州的收入增长来源于工资性收入，有 3 个市州的收入增长来源于转移性收入，而西宁市的收入增长来源于经营性收入。

表 5-10　青海各市州不同收入来源对城镇居民中等收入增长的贡献份额

单位:%

年份	收入来源	西宁市	海东市	海北州	黄南州	海南州	果洛州	玉树州	海西州
2015~ 2016	工资性收入	23.80	56.62	-141.09	13.32	18.17	—	—	-121.11
	经营性收入	12.52	141.09	294.52	58.97	156.69	—	—	140.52
	财产性收入	33.93	-11.94	-49.82	21.17	-35.16	—	—	23.05
	转移性收入	29.74	-85.77	-3.61	6.54	-39.70	—	—	57.55
2016~ 2017	工资性收入	98.92	9.73	23.97	92.69	219.90	-99.19	53.74	54.60
	经营性收入	-28.53	74.37	56.36	19.50	-84.81	77.06	177.39	18.28
	财产性收入	3.33	29.83	1.80	27.17	-37.50	14.41	58.54	-11.17
	转移性收入	26.27	-13.93	17.87	-39.37	2.41	149.15	212.46	38.29
2017~ 2018	工资性收入	-53.41	174.69	-149.99	35.75	162.03	140.55	1204.36	294.24
	经营性收入	256.66	-51.92	99.13	-84.70	-220.12	-77.48	-2228.00	-99.28
	财产性收入	-162.88	-45.89	40.06	-69.09	105.17	-20.36	100.78	-25.75
	转移性收入	59.64	23.12	110.80	218.04	52.92	57.29	1022.86	-69.20

资料来源：根据国家统计局青海调查总队提供的基础数据整理得到。

总的来说，工资性收入和转移性收入对城镇中等收入人群收入增长的贡献度较大，其贡献度的大小可能与各市州的产业结构和政策导向有关。

（二）农村中等收入人群收入增长的主要来源

观察表 5-11 发现，除个别年份个别地区外，青海农村中等收入人群工资性收入在对中等收入增长基本表现为促进作用；经营性收入在 2016 年和 2018 年基本表现为抑制作用，但西宁市、海北州和玉树州的经营性收入促进了收入增长，且 2017 年经营收入促进了中等收入的提高，财产性收入对中等收入起促进作用的市州数量逐渐减少，转移性收入对海西州的收入一直起促进作用，但对中等收入起促进作用的市州数量也逐渐减少，对各市州的作用不断变化，时而起到促进作用，时而又抑制了中等收入水平的增长。

表 5-11　青海各市州不同收入来源对农村中等收入人群收入增长的贡献份额

单位：%

年份	收入来源	西宁市	海东市	海北州	黄南州	海南州	果洛州	玉树州	海西州
2015~2016	工资性收入	-73.18	156.68	-207.07	261.76	207.24	——	——	181.02
	经营性收入	123.86	-197.89	295.92	-147.21	-221.49	——	——	-562.83
	财产性收入	14.01	0.59	82.93	-35.42	82.64	——	——	18.67
	转移性收入	35.32	140.62	-71.78	20.87	31.61	——	——	463.14
2016~2017	工资性收入	86.17	0.76	8.92	-69.93	78.33	186.40	10.36	-30.56
	经营性收入	27.35	82.90	96.30	132.28	62.72	379.97	59.71	81.14
	财产性收入	10.71	3.05	-4.49	2.33	-14.67	-282.87	14.22	14.73
	转移性收入	-24.23	13.29	-0.73	35.32	-26.39	-183.51	15.71	34.69
2017~2018	工资性收入	191.75	141.61	88.67	87.16	337.03	64.83	15.60	-20.31
	经营性收入	40.75	-22.68	8.65	-22.83	-335.51	-96.90	90.64	73.27
	财产性收入	-60.72	-0.03	0.06	60.67	6.44	13.70	-0.91	-48.42
	转移性收入	-71.78	-18.89	2.62	-25.00	92.04	118.37	-5.33	95.46

资料来源：根据国家统计局青海调查总队提供的基础数据整理得到。

　　总之，各市州的农村中等收入人群的收入主要来源于工资性收入和经营性收入，以财产性收入和转移性收入为辅。

第四节　青海省中等收入人群收入差距的结构分解分析

一、基尼系数分解模型

　　基尼系数的分解有两种方法：一是按人口分类，考察不同人口组的收入差距程度；二是按收入来源分类，考察不同收入来源对总基尼系数的贡献度，以此分析影响收入差距的主要收入分类（马强强，2007）。由于居民的收入是由多项具体收入构成，因此总收入的差距会受不同收入来源的影响，为了更深层次地分析不同收入来源对城乡收入差距的具体影响，探寻城乡收入差距的根源，需要运用收入来源分项集中率和贡献率对城乡居民收入差距基尼系数进行分解。

集中率表示各分项收入在城镇居民和农村居民之间分配的均等程度，贡献率表示各分项收入对城乡居民收入差距基尼系数的贡献程度（文宗川和李婷，2017）。Chakravarty（1990）提出依据收入来源和收入群体两类基尼系数分解方法，并应用拟基尼系数[①]对收入来源进行实证分解，以解释不同来源的收入差距如何影响总体收入差距。龚超（2013）研究表明，运用基尼系数分解法研究我国居民收入差距的学者多数是以城乡、地区以及居民收入来源等因素进行分解，如屈小博和都阳（2010）用分省的面板数据对农村地区间基尼系数进行了分解，认为基尼系数变化及农村居民工资性收入对基尼系数的贡献变化显示出与经济发展阶段变化一致的含义。

因此，按收入来源对基尼系数进行分解，可以进一步观察各种收入来源对总体收入差距的影响（陈风波等，2002；吴金凤和王宏杰，2017），是收入分配研究的一种常用且有效方法（John and Fei，1978），其基本思路如下：

$$G = \sum_{f=1}^{f} w_f C_f \tag{5-2}$$

其中，G 表示总收入的基尼系数，C_f 表示第 f 种收入来源的拟基尼系数，也称作第 f 种收入来源的集中率；w_f 为第 f 种收入占全部收入的比重，令 $w_f = \dfrac{\mu_f}{\mu}$，μ 表示总平均收入，μ_f 表示第 f 种收入来源的平均收入。由此，C_f 可以由下式求得：

$$G = 1 - \sum_{i=1}^{n} p_{i(2Q_{fi} - w_{fi})} \tag{5-3}$$

其中，p_i 表示第 i 个区县的人口在各区县总人口中的比重，w_{fi} 表示第 i 个区县的第 f 种收入在所有区县的第 f 种收入总计中所占比重；第 i 个区县的农民人均可支配收入为 m_i，将 m_i 由小到大排列，然后将 w_{fi} 从最低的第 1 个区县向上

---

① 拟基尼系数：这里需要进一步说明的是 G_i 是按居民总收入的高低排序而计算的反映第 i 部分收入与总收入差别的关系的基尼系数，与按第 i 部分收入自身大小排序计算的基尼系数不同，因而被称为拟基尼系数（也有学者将其称为第 i 项收入的伪基尼系数或集中率）。但是，它能够准确反映第 i 部分收入与总收入的关系，这正是它在公式中的意义。当某项收入与总收入的排序完全一致时，G_i 实际就是第 i 部分收入的真实基尼系数。

累积到第 i 个区县，并将累计的收入比重记为 Q_{fi}，则：

$$Q_{fi} = \sum_{k=1}^{i} w_{fk} \qquad (5\text{-}4)$$

同时，将 $\dfrac{w_f C_f}{G} \times 100\%$ 表示第 f 种收入对全部基尼系数的贡献率。Adams

（1994）进一步将 $\dfrac{C_f}{G}$ 定义为相对集中指数，若某项收入的相对集中指数大于 1，

则该项收入所发挥的作用为差距促增；若小于 1，则为差距促减。对于计算出的相

对集中指数（即 $\dfrac{C_f}{G}$），如果 C_f 为负，表示该项收入来源对总财力不均等的贡献为

负，起到一定的财力均等化作用；反之，则表示该项收入来源对总财力不均等的贡

献为正，未起到均等财力的作用，反而拉大了财力差异（周美多和颜学勇，2010）。

二、城镇中等收入人群收入差距的结构分解与变化趋势

基于上述的基尼系数分解模型，按收入来源分组对青海省各区县城镇中等收

入人群进行基尼系数分解。

从表 5-12 发现，2015~2018 年青海省各区县间的城镇中等收入人群收入差距

呈拉大趋势，基尼系数从 2015 年的 0.029 增加到 2018 年的 0.037，4 年上升了

0.008。从收入来源看，较之 2015 年，2018 年的工资性收入拟基尼系数增加了

0.071，经营性收入降低了 0.168，财产性收入和转移性收入分别增加了 0.021 和

0.048。由此可见，除经营性收入外，工资性收入、财产性收入和转移性收入均

起到了扩大青海城镇中等收入人群收入差距的作用（曾国安和胡晶晶，2008）。

表 5-12　按收入来源分组的青海各区县间城镇中等收入人群收入基尼系数分解结果

年份		全部收入	工资性收入	经营性收入	财产性收入	转移性收入
2015	拟基尼系数 C_f	0.029	0.020	0.021	0.071	0.042
	相对集中指数 C_f/G	—	0.705	0.734	2.477	1.469
	各分项收入权重 W_f（%）	100	60.189	12.406	8.106	19.299
	对中等收入差距的贡献率（%）	100	42.462	9.101	20.081	28.355
2016	拟基尼系数 C_f	0.028	0.067	-0.107	0.107	0.013
	相对集中指数 C_f/G	—	2.367	-3.776	3.791	0.475
	各分项收入权重 W_f（%）	100	57.00	18.89	7.52	16.60
	对中等收入差距的贡献率（%）	100	134.911	-71.302	28.505	7.887

续表

年份		全部收入	工资性收入	经营性收入	财产性收入	转移性收入
2017	拟基尼系数 C_f	0.034	0.030	-0.138	0.284	0.127
	相对集中指数 C_f/G	—	0.864	-4.015	8.240	3.676
	各分项收入权重 W_f（%）	100	57.641	18.026	7.259	17.073
	对中等收入差距的贡献率（%）	100	49.806	-72.383	59.815	62.762
2018	拟基尼系数 C_f	0.037	0.091	-0.147	0.092	0.090
	相对集中指数 C_f/G	—	2.437	-3.924	2.459	2.406
	各分项收入权重 W_f（%）	100	54.666	22.528	5.788	17.017
	对中等收入差距的贡献率（%）	100	133.223	-88.408	14.236	40.950

资料来源：根据国家统计局青海调查总队提供的基础数据整理得到。

结合表5-12和图5-5看到，2015~2018年，工资性收入所占比重有所下降，2018年比2015年下降约5.5个百分点；工资性收入相对集中指数围绕在1.0上下波动，由2015年的0.705增大到2018年的2.437，变化幅度较大，对青海城镇中等收入人群收入差距发挥的作用呈现"促减—促增—促减—促增"不稳定的特点，即表明工资性收入对青海城镇中等收入人群收入差距的作用由差距促减变为差距促增，且促增作用在增强。近4年来，工资性收入对青海城镇中等收入人群收入差距的贡献率整体呈"N"形的上升态势；较之2015年，2018年工资性收入的贡献率上升了90.46%。总体而言，工资性收入差距是青海城镇居民中等收入差距的主要来源。

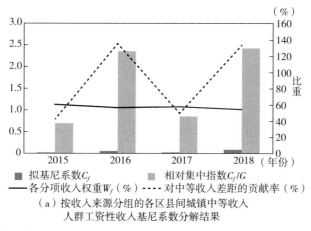

（a）按收入来源分组的各区县间城镇中等收入人群工资性收入基尼系数分解结果

图5-5 按收入来源分组的青海各区县间城镇中等收入人群收入基尼系数分解结果

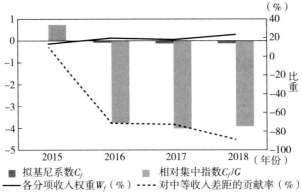

（b）按收入来源分组的青海各区县间城镇中等收入
人群经营性收入基尼系数分解结果

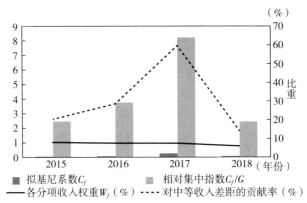

（c）按收入来源分组的青海各区县间城镇中等收入
人群财产性收入基尼系数分解结果

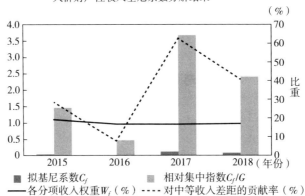

（d）按收入来源分组的青海各区县间城镇中等收入
人群转移性收入基尼系数分解结果

图5-5　按收入来源分组的青海各区县间城镇中等收入人群收入基尼系数分解结果（续）

资料来源：根据国家统计局青海调查总队提供的基础数据整理计算整理得到。

经营性收入所占比重有所上升，2018 年比 2015 年上升了 10.12%；同时，经营性收入相对集中指数均小于 1，且呈"U"形的总体下降趋势，即表明经营性收入对青海城镇中等收入人群收入差距的促减作用在增强；较之 2015 年，2018年经营性收入对青海城镇居民中等收入差距的贡献率在不断下降，由 9.10% 变为 -88.41%。总体而言，经营性收入所占份额不断上升，且经营性收入相对集中指数不断下降，二者综合结果是其对青海城镇居民中等收入差距的贡献度在下降，即说明经营性收入差距并不是青海城镇居民中等收入差距的主要体现。

财产性收入所占比重有所下降，2018 年比 2015 年下降了 2.32%；财产性收入相对集中指数均大于 1，对青海城镇中等收入人群收入差距发挥了促增作用；同时，近 4 年来，财产性收入对青海城镇中等收入人群收入差距的相对集中指数和贡献率整体呈倒"U"形的下降态势，财产性收入对青海城镇中等收入人群收入差距的促增作用在小幅度减弱，即财产性收入差距也不是青海城镇居民中等收入差距的主要体现。

2015~2018 年，转移性收入所占比重有所下降，2018 年比 2015 年下降了2.28%；转移性收入相对集中指数均大于 1（除 2016 年外），对青海城镇中等收入人群收入差距发挥了促增作用；较之 2015 年，2018 年的转移性收入的相对集中指数增大了 0.937，其对青海城镇收入差距的贡献率上升了 12.6%。转移性收入对青海城镇中等收入人群收入差距的促增作用在增强，即转移性收入差距是青海城镇居民中等收入差距的重要来源。

综上所述，各分项收入对青海城镇中等收入人群的收入差距贡献度依次为工资性收入>转移性收入>财产性收入>经营性收入。由于仅经营性收入对青海城镇中等收入人群收入差距扩大起抑制作用，因此，四项收入来源对青海城镇中等收入人群的收入差距综合结果为明显拉大作用，反映了缩小收入差距不仅可以从不同收入来源的差距着手，还应考虑到各分项收入所占份额及变化情况。

三、农村中等收入人群收入差距的结构分解与变化趋势

根据上述基尼系数分解模型，利用青海省各区县人口数，以及中等收入农民人均纯收入和各分项收入数据进行测算，结果如表 5-13 所示。

从表 5-13 可以看出，2015~2018 年青海省各区县间农村中等收入人群收入差距的整体上表现为下降趋势，基尼系数从 2015 年的 0.046 下降到 2018 年的0.039，4 年上升了 0.007。基尼系数都小于 0.05，说明农村中等收入的区间较为合理，收入差距较小。

表5-13 按收入来源分组的青海各区县间农村中等收入人群收入基尼系数分解结果

年份		全部收入	工资性收入	经营性收入	财产性收入	转移性收入
2015	拟基尼系数 C_f	0.046	0.184	-0.035	0.148	-0.178
	相对集中指数 C_f/G	—	3.996	-0.763	3.228	-3.873
	各分项收入权重 W_f（%）	100	47.68	29.35	2.94	20.03
	对中等收入差距的贡献率（%）	100	190.50	-22.39	9.48	-77.59
2016	拟基尼系数 C_f	0.041	0.092	0.004	0.339	-0.065
	相对集中指数 C_f/G	—	2.221	0.095	8.206	-1.567
	各分项收入权重 W_f（%）	100	41.92	32.60	4.47	21.00
	对中等收入差距的贡献率（%）	100	93.11	3.10	36.70	-32.91
2017	拟基尼系数 C_f	0.048	0.188	-0.044	0.295	-0.125
	相对集中指数 C_f/G	—	3.919	-0.920	6.141	-2.600
	各分项收入权重 W_f（%）	100	39.99	38.15	4.03	17.83
	对中等收入差距的贡献率（%）	100	156.70	-35.09	24.75	-46.36
2018	拟基尼系数 C_f	0.039	0.137	-0.042	0.109	-0.046
	相对集中指数 C_f/G	—	3.476	-1.061	2.768	-1.159
	各分项收入权重 W_f（%）	100	42.30	37.21	4.13	16.36
	对中等收入差距的贡献率（%）	100	147.03	-39.49	11.43	-18.97

资料来源：根据国家统计局青海调查总队提供的基础数据整理得到。

从收入来源看，工资性收入和财产性收入的拟基尼系数较大，2016年和2017年的财产性收入拟基尼系数更大，各区县的农村中等收入中财产性收入来源的水平差异较大。较之2015年，2018年的工资性收入拟基尼系数下降了0.047，经营性收入、财产性收入分别下降了0.007和0.039，转移性收入增加了0.132；由此可见，工资性收入、经营性收入和财产性收入均起到了缩小青海农村中等收入人群收入差距的作用。转移性收入的基尼系数虽然有所增加，但拟基尼系数和相对集中指数为负值，有利于缩小农村中等收入人群收入差距。

从图5-6也可以看出，2015～2018年，工资性收入相对集中指数均大于1，对青海农村中等收入人群收入差距发挥了促增作用。工资性收入的相对集中指数波动下降，收入份额也呈现出下降趋势，因此二者综合作用的结果是其对各区县间农村居民中等收入的贡献度也表现出波动下降，由于工资性收入所占份额最大，其对农民收入差距的贡献度在93%以上，稳居第一。

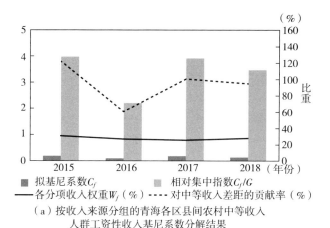

（a）按收入来源分组的青海各区县间农村中等收入
人群工资性收入基尼系数分解结果

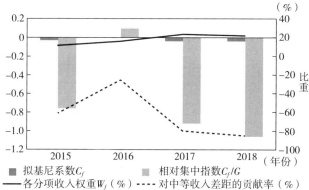

（b）按收入来源分组的青海各区县间农村中等收入
人群经营性收入基尼系数分解结果

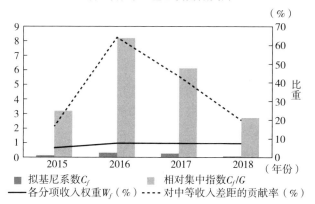

（c）按收入来源分组的青海各区县间农村中等收入
人群财产性收入基尼系数分解结果

图 5-6　按收入来源分组的青海各区县间城镇中等收入人群收入基尼系数分解结果

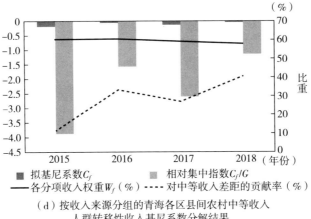

（d）按收入来源分组的青海各区县间农村中等收入
人群转移性收入基尼系数分解结果

图 5-6　按收入来源分组的青海各区县间城镇中等收入人群收入基尼系数分解结果（续）

资料来源：根据国家统计局青海调查总队提供的基础数据整理计算整理得到。

经营性收入的相对集中指数 2016 年为正值但小于 1，其他年份均为负值，总体上呈倒"U"形下降趋势，经营性收入对青海农村中等收入人群收入差距的促减作用在增强。经营性收入的相对集中指数总体上有所下降并出现正负的变化，其收入份额总体也呈现较大的上升趋势，二者综合作用的结果是其对各区县间中等收入农民收入差距的贡献度也表现出波动下降，由于其收入份额和相对集中指数大于转移性收入，因此其对农民收入差距的贡献度始终位居第三。

财产性收入相对集中指数均大于 1，对青海农村中等收入人群收入差距发挥了促增作用；近 4 年来，财产性收入对青海农村中等收入人群收入差距的相对集中指数和贡献率整体呈倒"U"形的下降趋势，对青海城镇中等收入人群收入差距的促增作用在小幅度减弱。财产性收入的相对集中指数表现出倒"U"形变化趋势，其收入份额有所上升但上升幅度不大，因此二者综合作用的结果是其对各区县间中等收入农民收入差距的贡献度也表现出倒"U"形变化趋势。但是由于其相对集中指数较大，因此其对农民收入差距的贡献度始终位居第二。

转移性收入的相对集中指数小于 0 且绝对值大于 1，这表示该项收入来源对中等收入不均等的贡献为负，起到了一定的中等收入均等化作用，有利于收入差距的缩小。转移性收入的相对集中指数一直为负，但表现出波动上升趋势，且上升幅度较大。但其绝对值有逐渐缩小的趋势，对农村中等收入差距的促减作用也在减小。其收入份额表现为波动下降趋势，较之 2015 年下降了 3.67 个百分点，二者综合作用的结果是其对各区县间中等收入农民收入差距的贡献度波动上升，但是由于转移性收入所占份额较小，加之其相对集中指数小于财产性收入的相对集中指数，其对农民收入差距的贡献度最小。

综上所述，各分项收入对农民收入差距的贡献度依次为工资性收入>财产性收入>经营性收入>转移性收入，经营性收入和转移性收入对青海农村中等收入差距起到促减作用，4项收入来源对青海农村中等收入人群的收入差距综合结果为缩小作用。在缩小收入差距的时候，不仅可以从不同收入来源的差距入手，还应考虑到各分项收入所占份额及变化情况。

第五节　青海省中等收入人群收入差距变化的来源构成分析

一、基尼系数变化的分解模型

上文按收入来源对基尼系数进行分解，计算了各分项收入来源的拟基尼系数、相对集中指数及对中等收入差距的贡献率。然而，研究收入不平等时，不仅需要了解度量收入差异的大小来源是什么，而且需要了解收入差异的变化是由哪些来源构成的。虽然某项收入对基尼系数的贡献也许不大，但很有可能是导致基尼系数变化的重要因素（Wan，2001）。由此需要将基尼系数的变化进行分解，确定导致基尼系数发生变化的显著因素。本章借鉴学者屈小博和都阳（2010）的研究，对基尼系数变化的分解方法如下：

在收入分配研究中，在了解了收入差距的大小来源是什么之后，还需把握收入差距变化是由哪些来源构成的。基尼系数变化的分解方法如下：

用 t 和 $t+1$ 下标代表时间，基尼系数的变化可以表示为 $\Delta G = G_{t+1} - G_t$，类似地，可以定义 $\Delta w_f = w_{f_{t+1}} - w_{f_t}$，$\Delta C_f = C_{f_{t+1}} - C_{f_t}$；将其代入式（5-5）有：

$$\Delta G = \sum_f \left(w_{f_{t+1}} C_{f_{t+1}} - w_{f_t} C_{f_t} \right)$$
$$= \sum_f \Delta w_f C_{f_t} + \sum_f w_{f_t} \Delta C_f + \sum_f \Delta w_f \Delta C_f \qquad (5-5)$$

由此表明，基尼系数的变化可以分解为三大部分，$\sum_f \Delta w_f C_{f_t}$、$\sum_f w_{f_t} \Delta C_f$、$\sum_f \Delta w_f \Delta C_f$，分别代表由收入比重变化、收入集中程度的变化引起的基尼系数变动以及由两者共同引起的基尼系数变动，依次称作结构性效应、收入集中效应、综合效应。

二、不同收入来源对青海中等收入人群收入差距的影响分析

为深入分析各分项收入对青海城乡中等收入人群收入差距的影响，对总基尼系数的变化按不同收入来源进一步分解（见表5-14）。对于青海城镇中等收入人群来说，2015~2018年，三个时段基尼系数的变化值分别为-0.0006、0.0062和0.0032，即表明其收入差距的变化趋势表现为"先缩小—明显扩大—缓慢扩大"的特点，2018年较之2015年青海城镇中等收入人群的收入差距总体呈扩大趋势。对青海农村中等收入人群来说，三个时段基尼系数的变化值分别为-0.0047、0.0066和-0.0086，收入差距的变化趋势表现为"先缩小—明显扩大—明显缩小"的特点，农村中等收入人群的收入差距总体呈缩小趋势。

表5-14　影响青海城乡中等收入人群收入差距变化的来源构成

基尼系数的变化		城镇			农村		
		2015~2016年	2016~2017年	2017~2018年	2015~2016年	2016~2017年	2017~2018年
		-0.0006	0.0062	0.0032	-0.0047	0.0066	-0.0086
结构性效应	工资性收入	-0.0006	0.0004	-0.0009	-0.0106	-0.0018	0.0043
	经营性收入	0.0014	0.0009	-0.0062	-0.0011	0.0002	0.0004
	财产性收入	-0.0004	-0.0003	-0.0042	0.0023	-0.0015	0.0003
	转移性收入	-0.0011	0.0001	-0.0001	-0.0017	0.0021	0.0018
	总效应	-0.0008	0.0011	-0.0113	-0.0112	-0.0010	0.0069
收入集中效应	工资性收入	0.0280	-0.0211	0.0355	-0.0439	0.0403	-0.0204
	经营性收入	-0.0159	-0.0060	-0.0016	0.0115	-0.0157	0.0009
	财产性收入	0.0029	0.0133	-0.0139	0.0056	-0.0020	-0.0075
	转移性收入	-0.0056	0.0188	-0.0062	0.0227	-0.0126	0.0141
	总效应	0.0094	0.0049	0.0138	-0.0041	0.0101	-0.0129
综合效应	工资性收入	-0.0015	-0.0002	-0.0018	0.0053	-0.0019	-0.0012
	经营性收入	-0.0083	0.0003	-0.0004	0.0013	-0.0027	-0.00002
	财产性收入	-0.0002	-0.0005	0.0028	0.0029	0.0002	-0.0002
	转移性收入	0.0008	0.0005	0.0001	0.0011	0.0019	-0.0012
	总效应	-0.0092	0.0001	0.0007	0.0106	-0.0024	-0.0025

资料来源：根据国家统计局青海调查总队提供的基础数据整理得到。

（一）城镇中等收入人群收入差距变化的来源构成分析

为了进一步明晰不同收入来源对青海城镇中等收入人群收入差距的影响，绘制了图5-7，以具体分析各时段不同效应对基尼系数变化的影响。

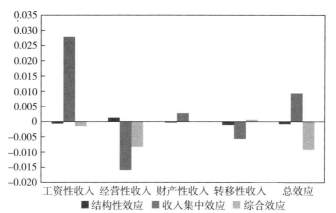

（a）2015~2016年影响青海城镇中等收入人群收入差距变化的来源构成

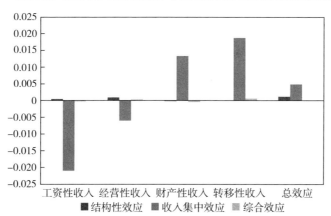

（b）2016~2017年影响青海城镇中等收入人群收入差距变化的来源构成

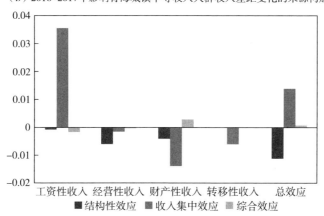

（c）2017~2018年影响青海城镇中等收入人群收入差距变化的来源构成

图5-7　影响青海城镇中等收入人群收入差距变化的来源构成

资料来源：根据国家统计局青海调查总队提供的基础数据整理得到。

2015～2016 年，结构性效应、收入集中效应和综合效应的总效应分别为 -0.0008、0.0094、-0.0092，对基尼系数变化的作用分别为促减、促增和促减。从结构性效应来看，仅经营性收入对基尼系数变动起促增作用，其他分项收入均发挥促减作用；从集中指数效应来看，工资性收入和财产性收入对基尼系数变动发挥促增作用，经营性收入和转移性收入发挥促减作用；从综合效应来看，仅转移性收入的综合效应为正，其他分项收入均为负，即表明仅转移性收入对总效应发挥促增作用。

2016～2017 年，结构性效应、收入集中效应和综合效应的总效应均为正，三个效应都促进了基尼系数的上升，且收入集中效应的绝对值最大，对基尼系数的促增作用最大。具体来看，仅财产性收入的结构性效应和综合效应、工资性收入的收入集中效应和综合效应、经营收入的收入集中效应起到了降低基尼系数作用。

2017～2018 年，结构性效应的总效应为负，收入集中效应和综合效应的总效应均为正，且收入集中效应的绝对值也大于结构性效应，说明收入集中效应对基尼系数的促增作用大于其他两个效应所起到的促减作用，即表明在三个效应作用之下，整体促进了基尼系数的上升。具体来看，工资性收入的收入集中效应、财产性收入和转移性收入的综合效应对基尼系数变动发挥拉大作用。

总体而言，从三个时段的总效应来看，结构性效应对基尼系数的促减作用呈不稳定波动趋势，综合效应对收入差距的影响由减弱变为增强，而收入集中效应则稳定促进基尼系数的上升。此外，比较三个时段三个效应对基尼系数所发挥的作用来看，收入集中效应对收入差距的影响最大，再依次是结构性效应、综合效应。

在基尼系数上升的两个时段（2016～2017 年、2017～2018 年），收入集中效应的绝对值都超过了结构性效应，表明近年来收入集中效应是收入差距扩大的主要来源，其原因在于工资性、财产性、转移性收入通过收入集中效应对收入差距所发挥的作用不稳定。与此同时，在基尼系数下降的时段（2015～2016 年），经营性、转移性收入的收入集中效应和经营性收入的综合效应发挥了主要促减作用，而到了基尼系数上升的两个时段，经营性收入的收入集中效应发挥的促减作用有所下降，而工资性收入的收入集中效应所发挥的促增作用明显增强。因此，从缩小工资性收入差距为着力点，是缩小青海城镇中等收入人群收入差距的有效措施。

（二）农村中等收入人群收入差距变化的来源构成分析

为了进一步明晰不同收入来源对青海农村中等收入人群收入差距的影响，本书绘制了图 5-8，以具体分析各时段不同效应对基尼系数变化的影响。

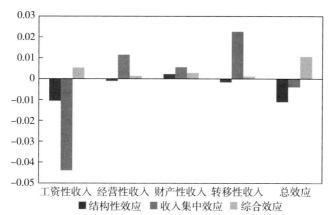

（a）2015~2016年影响青海农村中等收入人群收入差距变化的来源构成

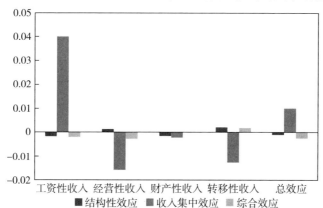

（b）2016~2017年影响青海农村中等收入人群收入差距变化的来源构成

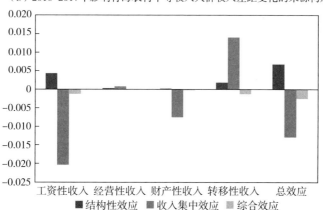

（c）2017~2018年影响青海农村中等收入人群收入差距变化的来源构成

图5-8　影响青海农村中等收入人群收入差距变化的来源构成

资料来源：根据国家统计局青海调查总队提供的基础数据整理得到。

2015~2016 年，结构性效应、收入集中效应和综合效应的总效应分别为 −0.0112、−0.0041、0.0106，对基尼系数变化的作用分别为促减、促减和促增。从结构性效应来看，仅财产性收入对基尼系数变动起促增作用，其他分项收入均发挥促减作用；从集中指数效应来看，仅工资性收入对基尼系数变动起促增作用，其他分项收入均发挥促减作用；从综合效应来看，各分项收入的综合效应均为正，各项收入对总效应发挥促增作用。

2016~2017 年，结构性效应和综合效应的总效应为负，收入集中效应的总效应为正，表明结构性效应和综合效应促进了基尼系数的上升，且收入集中效应的绝对值最大，即其对基尼系数的促增作用最大。综合效应中，工资性收入和经营性收入起到了降低基尼系数作用。

2017~2018 年，结构性效应的总效应为正，收入集中效应和综合效应的总效应均为负，且收入集中效应的绝对值也大于结构性效应，这说明收入集中效应对基尼系数的促减作用大于其他两个效应所起到的促增作用。工资性收入和转移性收入对各效应的影响较大。

总体而言，基尼系数的变化表现为倒 "U" 形，与收入的集中指数总效应和工资性收入的集中指数效应变化趋势一样。农村中等收入基尼系数的变化主要是由集中指数效应引起，而集中指数效应主要由工资性收入引起。结构性效应的变动趋势主要由工资性收入引起，在劳动力无限供给的发展阶段，结构性效应促使农村地区间收入差距不断扩大，是导致农村地区间收入差异变化的根本原因。但从综合效应来看，综合效应的变动主要由于工资性收入和经营性收入的变动引起，工资性收入对中等收入基尼系数的变化影响较大。

结构性效应中经营性收入与基尼系数变化方向基本一致，但集中指数效应和综合效应中，两者的变化方向基本上相反，对中等收入人群的收入差距的影响作用不断变化；财产性收入的三种效应变化与中等收入基尼系数的变化方向基本相反，有利于缩小中等收入人群的收入差距，有关部门应积极宣传理财知识，提高农民的财产性收入；结构性效应和综合效应中转移性收入与基尼系数变化的方向基本一致，转移性收入对中等收入差距一般表现为促进作用。

第六节　研究发现与建议

本章以青海省各市州为例，选用 2015~2018 年青海省调查统计总队提供的原始统计数据，采用描述性统计法对青海省各市州的中等收入结构特征及其对收入增长的贡献作对比分析，运用基尼系数分解模型分析不同收入来源对青海省各市州中等收入差距及收入差距变化的贡献度，以深入探究构成来源对中等收入增长及收入差距的影响。

一、研究发现

通过上述分析，关于青海中等收入人群收入增长及收入差距的现状与基本原因，从不同收入来源角度分析发现：

（1）工资性收入是青海城乡中等收入人群的收入来源的主要组成部分，对青海城乡中等收入人群收入差距的贡献度最大，而其他三项收入来源对青海城乡中等收入人群收入差距的贡献度呈不稳定波动态势，在城乡中等收入人群的收入来源中发挥的作用不同。工资性收入、财产性收入对青海城乡中等收入人群收入差距均起着扩大作用，经营性收入和转移性收入分别对青海城镇和农村中等收入人群的收入差距起着抑制作用。

（2）2015~2018年青海省各区县间的城镇中等收入人群收入差距呈小幅度拉大趋势，青海省各区县间农村中等收入人群收入差距的整体上表现为下降趋势。

（3）收入集中效应为青海城镇中等收入基尼系数上升做出主要贡献，而综合效应是青海农村中等收入基尼系数下降的主要来源。

（4）工资性收入和经营性收入是影响青海城镇中等收入基尼系数的主要因素，工资性收入和转移性收入是影响青海农村中等收入基尼系数的主要影响因子。

二、建议

基于研究发现，提出以下建议：

（1）促进经济持续发展，提高居民的工资收入水平，并合理协调各地区的工资水平差异化程度。在青海各区县中等收入人群的可支配收入构成中，工资性收入一直占很大的比重。应提高居民的人均受教育程度，提高人力资本水平，提高居民的文化素质和劳动技能，使其获得更高的工资性收入，以缩减各地区间的收入差异。政府也要合理协调各地区的工资水平差异化程度，建立健全最低工资保障制度，根据不同区域的经济发展水平、居民消费水平，适时调整最低的工资指导线。

（2）加大对理财知识的普及和宣传，提高居民理财意识，促进财产性收入水平的提高，缩小区域间财产收入的差异。政府应该通过财政货币政策对宏观经济的调整，保证居民财富长期保值增值，促进低收入群体财富的积累，为增加财产收入营造良好的外部环境。社区可以举办一些关于投资内容的讲座，让普通大众掌握一些理财知识，培养居民的理财意识，引导他们积极参与金融理财活动，从单纯地获取存款利息到获得股利、红利等。

（3）加快生态产业化步伐，发展特色农牧业，充分发挥地区优势，促进经营收入的提高。立足生态优先，加快生态产业化步伐，重点发展高原康养产业，根据相关研究成果①：海拔高度为 500～2000 米是最佳的康养高度，青藏地区非常适合开展康养产业。加快城乡融合发展和特色农牧业发展，促进城乡经营性收入增长，经营性收入也是中等收入人群的重要收入来源之一，但是近些年来该比重呈下降趋势，需引起足够的重视。为进一步挖掘城乡居民家庭经营收入的增长潜力，可以发展特色农牧业，以生态绿色农牧业、观光休闲农牧业、高科技现代农牧业为标志，打造复合式生态产业链，集生产性、生活性和生态性于一体，形成完善的产业链体系，为城乡中等收入人群持续增收和扩大比重提供产业保障。

（4）合理安排居民的转移性收入，促进转移性收入的提高带动总收入的增长。对农村提供的转移支付是缩减农村地区间收入差距的有效政策措施。各区县政府应通过对更为落后的边远地区给予更多的农业补贴、困难救助、灾害补偿等，发挥政府对各区县间居民收入差距的调节作用。保持对边远区县的扶持，努力增加家庭收入。同时，依托微信、微博等互联网平台，准确掌握资金的到位与运用情况，实现动态管理，加强对社会保障资金的监督，增加透明度。

---

① 根据人体生理卫生实验研究，最适合人类生存的海拔高度是 500～2000 米。世界著名的长寿地区大多数都接近 1500 米的海拔高度。中华医学会青海分会副会长、青海红十字医院院长张建青经过多年的医学研究也发现这一秘诀：海拔 1500 米有利于大脑的健康和机体的长寿，对睡眠、肺功能、造血功能等多项生理指标起到了良好作用。详见叶丹．最适宜人类居住的海拔高度是多少［EB/OL］．［2021-09-27］．http：//www.gaosan.com/gao kao/238106.html.

第六章　青藏地区中等收入人群收入增长的内在影响因素分析

本章从四项收入来源角度，基于 2006～2019 年青藏地区城乡中等收入人群收入不变价中位数对青藏地区促进中等收入人群收入增长的内在影响因素分析。扩大中等收入人群和持续增收，对我国的社会稳定、内需拉动以及居民收入整体提升具有重要意义，中间群体作为培育中等收入人群的潜在力量，其整体收入的增加与中等收入群体的扩容相对应（侯启缘，2019）。"十四五"规划建议提出要完善按要素分配政策制度，健全工资合理增长机制，增加中低收入群体的要素收入，扩大中等收入群体（刘世昕，2020）。中等收入人群收入增长有利于保持群体的稳定，基于此，本章选取 2006～2019 年青海省和西藏自治区数据作为样本单位，所用数据基于 2000 年全国城镇和农村的收入指数测算出的不变价进行调整，分析青藏地区促进中等收入人群收入增长的内在影响因素。

第一节　中等收入人群收入增长的发展趋势轨迹

一、数据选取与测度方法

（一）数据选取

基于数据的可获得性，本章计算了 2006～2019 年青海省及西藏自治区城乡中等收入居民的中位数，原始数据来源于《青海统计年鉴》（2007～2020）和《西藏统计年鉴》（2007～2020），并以全国 2000 年可比价对原始资料进行整理，对青藏地区城乡中等收入人群收入差距的变动轨迹和变动趋势进行分析。

（二）城乡中等收入居民收入差距测度方法

城乡居民收入差距的测度方法有很多种，各级统计部门和理论界常用的主要方法有城乡居民收入比、城乡居民收入差、极差系数、基尼系数、泰尔指数和变异系数。为方便计算，本章用城乡居民收入差距来反映青藏地区城乡中等收入人群收入差距，计算公式为城乡中等收入居民收入差距＝城镇居民收入中位数－农村居民收入中位数。

二、青藏地区城乡中等收入居民收入差距的变动轨迹及趋势分析

（一）青海省城乡中等收入居民收入差距的变动轨迹及趋势分析

青海省城镇中等收入居民收入中位数、农村中等收入居民收入中位数及青海省城乡中等收入居民收入差距结果如图6-1和表6-1所示。

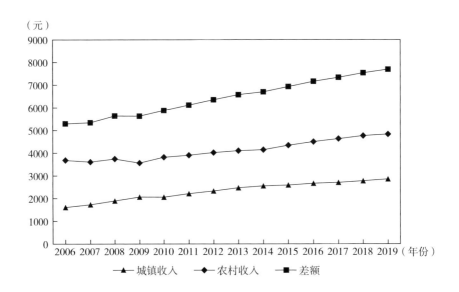

图6-1 2006~2019年青海省城乡中等收入居民收入差距

资料来源：根据《青海统计年鉴》（2007~2020）和《中国统计年鉴》（2020）整理。

图6-1结合表6-1可以发现青海省城乡中等收入居民收入差距大致经历了以下三个发展阶段：

表 6-1　2006~2019 年青海省城乡中等收入居民收入差距

单位：元

年份	城镇中等收入居民收入中位数	农村中等收入居民收入中位数	差额	年份	城镇中等收入居民收入中位数	农村中等收入居民收入中位数	差额
2006	5294.78	1608.61	3686.17	2013	6574.49	2469.35	4105.14
2007	5341.23	1730.02	3611.21	2014	6701.61	2553.11	4148.50
2008	5635.77	1890.88	3744.89	2015	6931.99	2588.86	4343.13
2009	5626.45	2061.52	3564.93	2016	7162.45	2662.01	4500.44
2010	5876.58	2055.92	3820.66	2017	7339.48	2704.00	4635.24
2011	6117.69	2210.02	3907.67	2018	7539.48	2773.80	4765.68
2012	6353.35	2329.34	4024.01	2019	7694.90	2859.04	4835.86

资料来源：根据《青海统计年鉴》（2007~2020）和《中国统计年鉴》（2020）整理。

第一阶段（2006~2010 年），波动上升阶段。

这一阶段青海省城乡中等收入居民收入差距不断波动变化，由 2006 年的 3686.17 元下降到 2007 年的 3611.21 元，而 2008 年又出现上升，2009 年收入差距又有所下降，2010 年又出现上升。这一阶段经历了先下降后上升，又下降再上升的变化，收入差距虽出现波动变化，但收入差距整体出现上升趋势。出现这一变化的原因是虽然城镇和农村中等居民收入增加，但两者的增长额不同。青海省城镇中等收入居民收入在 2007 年和 2009 年增长额分别为 46.45 元、-9.32 元，而农村中等收入居民收入在 2007 年和 2009 年增幅分别为 121.41%、170.64%，两者的共同作用使 2006~2010 年青海省城乡中等收入居民收入差距出现波动上升变化。

第二阶段（2011~2014 年），缓慢上升阶段。

这一阶段青海省城乡中等收入居民收入差距由 2010 年的 3820.66 元上升到 2014 年的 4148.50 元，涨幅为 8.58%，年均增幅为 2.14%，整体上呈缓慢上升趋势。出现这一变化的原因是 2010~2014 年，城镇中等收入居民的收入增长了 825.03 元，而农村增长了 497.19 元，两者收入增长的差距较少。两者的共同作用使 2010~2014 年青海省城乡中等收入居民收入差距呈现缓慢上升。

第三阶段（2014~2019 年），较快上升阶段。

这一阶段青海省城乡中等收入居民收入差距由 2014 年的 4148.50 元上升到 2019 年的 4835.86 元，涨幅为 16.57%，年均增幅为 3.13%，整体上呈上升趋势。

出现这一变化的原因是 2014~2019 年城镇中等收入居民的收入增长了 993.29 元，而农村增长了 305.93 元，两者收入增长的差距较大。两者的共同作用使 2014~2019 年青海省城乡中等收入居民收入差距呈现上升趋势。

（二）西藏自治区城乡中等收入居民收入差距的变动轨迹及趋势分析

西藏自治区城镇中等收入居民收入中位数、农村中等收入居民收入中位数及西藏自治区城乡中等收入居民收入差距结果如图 6-2 和表 6-2 所示。

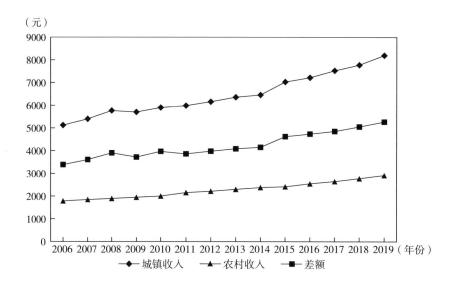

图 6-2　2006~2019 年西藏自治区城乡中等收入居民收入差距

资料来源：根据《西藏统计年鉴》（2007~2020）和《中国统计年鉴》（2020）整理。

表 6-2　2006~2019 年西藏自治区城乡中等收入居民收入差距　　　　　单位：元

年份	城镇中等收入居民收入中位数	农村中等收入居民收入中位数	差额	年份	城镇中等收入居民收入中位数	农村中等收入居民收入中位数	差额
2006	5113.30	1747.57	3365.73	2013	6342.17	2295.68	4046.49
2007	5369.30	1813.12	3556.18	2014	6443.65	2343.38	4100.27
2008	5729.50	1891.76	3837.74	2015	6990.39	2414.85	4575.54
2009	5657.26	1928.11	3729.15	2016	7217.76	2501.07	4716.69
2010	5893.91	1974.17	3919.74	2017	7470.92	2639.90	4831.02
2011	5948.13	2110.57	3837.56	2018	7748.65	2735.30	5013.35
2012	6132.47	2191.26	3941.21	2019	8157.78	2897.79	5259.99

资料来源：根据《西藏统计年鉴》（2007~2020）和《中国统计年鉴》（2020）整理。

图 6-2 结合表 6-2 可以发现西藏自治区城乡中等收入居民收入差距大致经历了以下三个发展阶段：

第一阶段（2006~2010 年），波动上升阶段。

这一阶段西藏自治区城乡中等收入居民收入差距由 2006 年的 3365.73 元上升到 2008 年的 3837.74 元，而 2009 年又下降到 3729.15 元，2010 年收入差距又出现上升。这一阶段经历了先上升后下降又上升的变化，收入差距虽出现波动变化，但整体出现上升趋势。出现这一变化的原因是 2009 年城镇中等收入居民收入有小额下降，而农村中等收入居民收入有小额上升。两者的共同作用导致 2009 年西藏自治区城乡中等收入居民收入差距出现下降，进而引起了 2006~2010 年西藏自治区城乡中等收入居民收入差距出现波动上升变化。

第二阶段（2011~2014 年），缓慢上升阶段。

这一阶段西藏自治区城乡中等收入居民收入差距由 2011 年的 3837.56 元上升到 2014 年的 4100.27 元，涨幅为 6.85%，年均增幅为 2.28%，整体上呈缓慢上升趋势。出现这一变化的原因是 2011~2014 年，城镇中等收入居民的收入增长了 495.52 元，而农村增长了 232.81 元，两者收入增长的差距较少。两者的共同作用使 2011~2014 年西藏自治区城乡中等收入居民收入差距呈现缓慢上升。

第三阶段（2015~2019 年），加速上升阶段。

这一阶段西藏自治区城乡中等收入居民收入差距由 2015 年的 4575.54 元上升到 2019 年的 5259.99 元，涨幅为 15.83%，年均增幅为 3.17%，整体上呈上升趋势。出现这一变化的原因是 2015~2019 年城镇中等收入居民的收入增长了 1167.39 元，而农村增长了 482.94 元，两者收入差距扩大的较大。两者的共同作用使 2015~2019 年西藏自治区城乡中等收入居民收入差距呈现上升趋势。

2006~2010 年，西藏地区城乡中等收入居民收入差距和城乡中等收入 2007 年后超越青海，农村地区收入较平缓，2008 年开始低于青海地区；2011~2014 年，青海的收入差距略高于西藏，但总体相差不大，西藏的城乡收入额均低于青海省；2015 年及以后，西藏地区的城乡中等收入居民收入差距及城镇中等收入居民收入超越青海且有继续增加的趋势，农村中等收入居民收入水平逐年上升，与青海省的差距逐年缩小。两地区的城乡中等收入金额高于农村，农村中等收入居民收入金额相差不大（见图 6-3）。

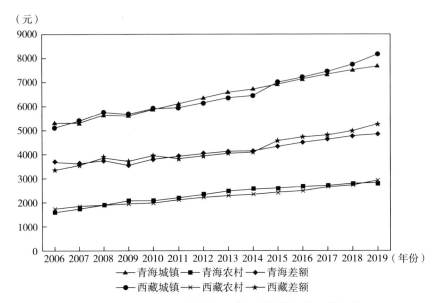

图 6-3　2006~2019 年青藏地区城乡中等收入居民收入差距

资料来源：根据《青海统计年鉴》（2007~2020）、《西藏统计年鉴》（2007~2020）和《中国统计年鉴》（2020）整理。

三、青藏地区城乡中等收入居民收入差距变化的原因分析

基于上文的图表及分析，可以发现青藏地区城乡中等收入居民收入差距与城镇中等收入居民收入的趋势走向基本一致，青藏地区城乡中等收入居民收入差距变化主要是由城镇中等收入居民的收入变化引起。同时，可以发现青藏地区农村中等收入居民收入呈缓慢增长趋势，青海省的农村中等收入居民收入从 2006 年的 1608.61 元上涨到 2019 年的 2859.04 元，西藏自治区的农村中等收入居民收入从 2006 年的 1747.57 元上涨到 2019 年的 2897.79 元。但城乡中等收入居民的收入差距始终为正，城镇地区的中等收入居民收入始终高于农村。

（一）青藏地区农村中等收入居民收入稳步增长

2006~2019 年，青藏地区农村中等收入居民收入一直呈稳步上升趋势。一是农民工的工资收入在继续提高，外出务工的人数在继续增加，农民工的工资按时兑现及工资岗位的稳定带来了农民来自工资方面的收入在增长。二是国家、政府对农村的转移性收入力度比较大，相关补贴较多，对青藏地区特殊集中连片贫困区域加大中央扶贫资金投入力度，提高扶贫标准和最低生活保障线，加快推进新农合，实现强农、惠农、富农，改善农牧区生活面貌，农牧业综合生产能力稳步

提高，落实粮食、良种等补贴资金，实现涉农保险实现全覆盖，这些政策和措施很大程度上减轻了农民的生活负担，有利于农民的转移性收入增加。三是联合生产合作社及入股分红等一系列新政策，形成企业与农户利益共享的经济联合体，带来当地畜牧业的发展和经营性收入的提高。推进农牧业供给侧结构性改革，落实乡村振兴战略，创新具有高原特色的农牧业经营体系，探索农牧区一、二、三产业融合发展和城乡融合发展新路径，通过企业的市场主体行为，提高生产要素在农牧区的优化配置，实现特色产业在农牧区末端的延伸，达到企业职工和农牧民获得参与企业收益分配机会的目的。四是启动"强基础、惠民生"驻村工作，走进基层田间，排民忧、解民难、帮民富，为青藏地区农牧民增收指引方向。

（二）青海省城镇中等收入居民收入的波动变化

2006~2009年，青海省城乡中等收入居民收入的波动变化主要是由工资性收入和经营性收入的波动变化引起的。2010年后的缓慢上升及加速上升阶段主要也是由工资性收入和经营性收入的变化引起的。因此，工资性收入和经营性收入的不稳定变化带来了青海省城乡中等收入居民收入差距的变化。2005年前，在职职工和离职、退休职工连续多年工资增长偏慢，企业利润低、效益差，国有经济单位改制，就业率低，下岗职工多，职工奖金和非工资性收入减少，工资性收入波动变化大。2005年以后，政府着力实施就业优先战略，以更加积极的政策，引导民众多形式创业就业，促进民营经济大发展。政策性调整与改革，企业职工工资保障程度增加，离退休人员能够按月足额领取离退休金，使城乡居民工资性收入较快增长。由于社会保障制度的不断完善，转移性收入增长。在增加就业、鼓励创业的同时，继续深化部分民生工程货币化改革，组织多种形式的劳务输出，鼓励支持城乡居民增加财产性收入、经营性收入，健全企业职工工资正常增长机制和支付保障制度，规范调整机关事业单位津补贴等制度，多渠道实现城乡居民收入与经济同步增长。多方面举措的结果是城乡中等收入居民人均收入得到了一定增长。

（三）西藏自治区城乡中等收入居民收入的波动变化

由于西藏自治区城乡中等收入中工资性收入在收入中占比75%以上，最高可达90.24%，所占比重较大，因此居民收入的变化主要是由工资性收入的波动变化引起的。近年来，西藏自治区不断开拓提高居民工资性收入的新举措，一是深化国企国资改革，正确处理好企业增产提效和改善职工福利待遇、促进居民增收的关系，坚持企业收益分配更多地向职工倾斜。二是落实职工权益保障相关资金，兑现离岗待退所需经费，及时有效地解决部分国有企业职工改制时未能享受到自治区提前退休相关政策的历史遗留问题。建立职工工资保证金制度，推行用工企业拖欠民工工资"黑名单"制，切实保障企业职工权益。大力推行劳动合同和工资集体协商制度，坚决查处拖欠和克扣工资的违法行为，构建和谐劳动关系。三是千方百计扩大就业，广开就业渠道，搭建创业培训、小额贷款担保、项目推介、创业服务和舆论引导五大平台。引导高校毕业生和家长转变就业观念，鼓励到非公有制经济领域、国有企业、艰苦边远地区和区外就业，实现西藏籍高校毕业生全部就业。四是加强公益性岗位管理、就业援助实名制、就业失业登记等工作，确保真正用于解决高校毕业生、城镇零就业家庭、残疾人等的就业困难。五是对口支援西藏的地区、企业每年吸纳一定数量的西藏生源高校毕业生就业。

第二节　青藏地区中等收入人群收入增长的内在影响因素实证分析

一、变量选择及模型设计

（一）变量选择

下文以城乡中等收入居民收入差距作为因变量，分项收入（工资性收入、经营性收入、财产性收入和转移性收入）的城乡收入差距为自变量。具体指标设计如表6-3所示：

表6-3　变量定义

地区	变量	变量符号	计算方法
青海	城乡中等收入居民收入差距	Y_1	城镇中等收入中位数-农村中等收入中位数
	城乡人均工资收入差距	X_1	城镇人均工资收入-农村人均工资收入
	城乡人均经营收入差距	X_2	城镇人均经营收入-农村人均经营收入
	城乡人均财产性收入差距	X_3	城镇人均财产性收入-农村人均财产性收入
	城乡人均转移性收入差距	X_4	城镇人均转移性收入-农村人均转移性收入
西藏	城乡中等收入居民收入差距	Y_2	城镇中等收入中位数-农村中等收入中位数
	城乡人均工资收入差距	Z_1	城镇人均工资收入-农村人均工资收入
	城乡人均经营收入差距	Z_2	城镇人均经营收入-农村人均经营收入
	城乡人均财产性和转移性收入差距	Z_3	城镇人均财产性和转移性总收入-农村人均财产性和转移性收入

资料来源：笔者整理所得。

（二）模型设计

为了检验收入来源结构对青藏地区中等收入居民收入差距的影响，建立了如下回归模型：

$$Y_1 = \beta_0 + \beta_1 X_1 + \beta_2 X_2 + \beta_3 X_3 + \beta_4 X_4 + \varepsilon_1 \tag{6-1}$$

$$Y_2 = \gamma_0 + \gamma_1 Z_1 + \gamma_2 Z_2 + \gamma_3 Z_3 + \varepsilon_2 \tag{6-2}$$

其中，式（6-1）、式（6-2）分别是对青海和西藏地区进行的检验，β_i 为回归系数，ε 为随机扰动项。

二、描述性统计及模型检验

（一）描述性统计

表6-4给出的是本章所使用变量的描述性统计。可以看出，青藏地区城乡中等收入居民的收入差距均值相差不大，西藏地区的差距最大值大于青海。青藏地区工资性收入差距均为正值、经营性收入差距均为负值，说明城镇中等收入居民的工资性收入高于农村，而经营性收入低于农村，且西藏地区的差距大于青海地区。整体来看，农村地区的转移性收入和财产性收入小于城镇。

表6-4　描述性统计

变量	最小值	最大值	均值	标准差
Y_1	3565	4836	4120.93	432.34
Y_2	3365.73	5259.99	4195.05	579.44
X_1	2800	4375	3765.50	521.24
X_2	−844	−389	−617.79	146.75
X_3	−18	323	157.43	139.69
X_4	433	1532	846.71	370.02
Z_1	3936.21	5688.28	5199.29	445.19
Z_2	−1800.09	−1263.34	−1520.28	202.75
Z_3	191.64	1246.63	623.56	363.45

资料来源：笔者整理所得。

（二）模型检验

1. 自相关检验

当所建立模型中的变量可能具有相同的变化趋势时就会导致多重共线性。当变量之间存在多重共线性就不能用所建立的模型去解释各个变量之间的影响。因此本部分选择 VIF 值，即方差扩展因子来测试本部分两个回归模型，并观察模型 VIF 值是否符合要求。通常 VIF 值大于 10 时，表明存在十分严重的多重共线性（何昇轩和李炜，2020）。表 6-5 可以发现，式（6-1）和式（6-2）的 VIF 值均小于 10，可以看出没有多重共线性。因此，构建的模型具有证明力。

表 6-5　多重共线性结果

省份	模型	VIF 值
青海	式（6-1）	6.87
西藏	式（6-2）	1.17

资料来源：笔者整理所得。

2. 异方差检验

序列的异方差检验有 White 检验、Goldfeld-Quandt 检验、BP 检验、残差图检验等检验方法，本章用学者使用率较高的 White 检验进行异方差检验，结果如表 6-6 所示。由于式（6-1）和式（6-2）的检验统计量的 P 值分别为 0.1851、0.2343，均大于 0.01，即均在 1% 的水平下显著，因此，式（6-1）和式（6-2）均不存在异方差。

表 6-6　异方差检验结果

省份	模型	卡方值	P 值
青海	式（6-1）	23.14	0.1851
西藏	式（6-2）	16.28	0.2343

资料来源：笔者整理所得。

3. 自相关检验

自相关性检验包括图示法、D.W 检验法、LM（BG）检验法、Ljung-Box Q 检验。本章用 D.W 检验法进行自相关检验，检验结果如表 6-7 所示。当 D.W 的值在 2 左右时，说明不存在自相关性。式（6-1）和式（6-2）的 D.W 值分别为 1.78、2.23，因此，青藏地区中等收入居民收入差距与人均工资性收入差距、人均经营性收入差距、人均财产性收入差距、人均转移性收入差距回归模型的随机误差项不存在自相关性。

表6-7　自相关检验结果

省份	模型	D.W检验
青海	式（6-1）	1.78
西藏	式（6-2）	2.23

资料来源：笔者整理所得。

三、回归结果

运用Stata15.0软件对模型进行OLS参数估计，结果如表6-8所示：

表6-8　回归结果

	式（6-1）			式（6-2）	
Y1	系数	t值	Y2	系数	t值
X1	0.9208*** (0.1225)	7.51	Z1	0.8078*** (0.0526)	15.36
X2	0.4991* (0.2653)	1.88	Z2	0.5187*** (0.1172)	4.43
X3	1.6884*** (0.3694)	4.57	Z3	1.4762*** (0.0669)	22.05
X4	1.0572*** (0.1484)	7.12	—	—	—
_cons	-199.0237 (301.7823)	-0.33	_cons	-136.6305 (325.4227)	-0.42

注：括号内值为标准误。***、*分别表示10%和1%显著性水平。

资料来源：笔者整理所得。

通过回归分析可以发现，四种分项收入来源的收入差距扩大会引起青藏地区城乡中等收入居民收入差距扩大。从回归式（6-1）和式（6-2）可以看出，青藏地区城乡中等收入居民与城乡人均工资性收入差距、人均经营性收入差距、人均财产性收入差距、人均转移性收入差距成正向变化（其中，西藏是城乡人均财产性收入与转移性收入之和的差距），这与经济理论中的变化规律一致。

不同收入来源对青藏地区城乡中等收入居民收入差距扩大的影响结果和影响程度不同。回归式（6-1）可以看出，青海省城乡人均工资收入差距、人均经营收入差距、人均财产性收入差距、人均转移性收入差距每增加1元，城乡中等收入居民收入差距会分别增加 0.92 元、0.5 元、1.68 元、1.06 元。回归式（6-2）可以看出，西藏城乡人均工资性收入差距、人均经营性收入差距、人均财产性和转移性收入差距每增加 1 元，城乡中等收入居民收入差距会分别增加 0.81 元、0.52 元、1.48 元。回归模型可以看出，在影响青藏城乡中等收入居民收入差距变化的因素中，人均财产性和转移性收入差距排在第一位，其次为人均工资收入差距，人均经营收入差距的影响程度最小。

第三节　研究发现及建议

　　基于《青海统计年鉴》（2007~2020）和《西藏统计年鉴》（2007~2020）的数据，对 2006~2019 年青藏地区城乡中等收入居民收入差距发展变化轨迹、趋势分析以及内部影响进行实证分析，研究结果发现：①青藏地区农村中等收入居民收入呈缓慢增长趋势，但依旧远低于城镇中等收入人群收入。城乡中等收入居民的收入差距整体呈上升趋势，收入差距始终为正数。②影响青藏地区城乡中等收入居民收入差距变化的主要内在影响因素是转移性收入和财产性收入差距的变化。四种分项收入来源的收入差距扩大会引起青藏地区城乡中等收入居民收入差距扩大，且影响结果和程度不同。人均财产性和转移性收入对收入差距的影响最大，人均经营收入差距的影响最小。

　　针对青藏地区城乡中等收入居民的收入实际变化情况，可以得出：

　　应着力提高农村中等收入居民收入。提高农村地区财产性收入，提高理财意识，增强理财能力。继续保障农村地区中等收入居民的转移性收入，完善社保体系、稳定收入。保障工资收入，提供更多高质量就业岗位促进农牧民增收。保持经营性收入，因地制宜发展畜牧业。加快以产业发展为支撑的乡村振兴步伐，带动群体增收。

　　同时也应进一步提高城镇中等收入居民收入。发展新兴产业，借力于国家的资金支持与政府扶持政策，以优惠的政策条件鼓励资本与人才流向新兴产业，推进新兴产业与现有的传统产业融合，形成新兴产业园，通过产业集群效应孕育良好的新兴产业发展氛围。加大对科研工作的投入力度，提升企业创新能力、市场竞争能力和自我发展能力，努力提高企业经济效益和职工生活水平，激发企业职工干事创业的主动性和积极性，促进企业增产提效、健康发展。

第七章　青藏地区中等收入人群的收入预测及演变特征分析

为更准确把握中等收入人群人均收入的未来走向，本章选取 2000~2019 年青海省的城乡人均可支配收入，2006~2019 年西藏的城乡人均可支配收入，选用 ARIMA 模型、指数平滑法、二次曲线估计模型进行收入预测，基于预测精度方法从 3 种模型中选择出最优预测模型，并将价格因素纳入研究，比较分析不同价格下 2020~2035 年青藏地区的中等人均收入的演变特征。同时，参照世界银行 2020 年最新的划分标准，分析青藏地区中等收入人群收入的未来发展，以期为青藏地区跨越中等收入陷阱提供有益参考。

第一节　研究背景

改革开放 40 多年来，中国经济高速增长，伴随而来的"中等收入陷阱"风险，成为我国发展面临的重大挑战之一。按照世界银行划分标准，2010 年，中国人均国民收入达到 4260 美元，进入中高收入国家行列。2020 年，中国人均国民收入超过 1 万美元，已接近高收入国家的水平（张来明，2021）。这意味着，未来 5 年将是中国跨越中等收入陷阱的关键时期（张军，2020）。党和国家领导人多次强调跨越中等收入陷阱的紧迫性和积极意义，2014 年 11 月 10 日，习近平主席在出席亚太经合组织领导人同工商咨询理事会代表对话会时指出："对中国而言，'中等收入陷阱'过是肯定要过去的，关键是什么时候迈过去、迈过去以后如何更好向前发展。"①"十四五"规划将"人均国内生产总值达到中等发达国家水平，中等收入群体显著扩大"列入2035年远景目标。毫无疑问，尽早跨越中等收入陷阱对于实现社会主义现代化和中华民族伟大复兴，进而实现"两个一百年"奋斗目标具有重要的战略意义。

如何扩大中等收入人群？这个问题贯穿于改革开放的全过程，历来都是学术界关注的焦点。学者们在度量方法、成因、应对策略与社会影响等方面取得了较为丰硕的研究成果，研究主要致力于从各个学科角度来探讨"如何跨越中等收入陷阱"的问题（寇宏伟和陈璋，2020），这些研究为深入探究中等收入问题奠定了良好的理论与方法论基础。同时，中等收入人群规模究竟有多大，尚未有统一的说法，因此，我国正处于跨越中等收入陷阱的关键时期，分析和预测中等收入人群人均收入的未来走向，为制定收入公平有效的收入分配政策提供有益参考。

现有学者鲜有对中等收入人群人均收入的未来趋势进行探讨，学者大多针对城乡收入差距和总体居民人均收入进行分析和预测，研究尺度更多聚焦于全国或沿海地区。基于现有研究，综合借鉴以往学者的做法，运用多种单一预测方法，并采用预测精度方法从中寻求最优模型。本章的研究意义在于：①将研究情境聚焦于鲜有学者关注的青藏地区，研究数据长达20年，城镇和农村分开考虑，以更全面、更系统地丰富中等收入相关研究，是本书的突破点。②将价格因素纳入研究，比较分析和预测两种价格下青海和西藏的城乡中等收入及收入差距，是现有研究较少考虑到的，也是本书的创新点。

第二节　变量选择、数据来源及模型介绍

一、变量选择和数据来源

选择青海和西藏的城镇中等收入人群人均收入（中位数）和农村中等收入人群人均收入（中位数）作为研究变量，并以现行价格和不变价格两种形式分别进行预测。为比较分析预测后的城乡中等收入居民收入差距，用城镇中等收入人群人均收入预测值减去农村中等收入人群人均收入预测值的数值来表示。变量

---

① 人民网．习近平出席亚太经合组织领导人同工商咨询理事会代表对话会［EB/OL］．［2014-11-11］．http：//cpc．people．com．cn/n/2014/1111/c64094-26004860．html．

定义如表7-1所示：

表7-1　变量定义

地区	变量	变量符号	计算方法
青海	城镇中等收入人群人均收入（现价）	Y_1	各地级市城镇人均可支配收入的中位数
	农村中等收入人群人均收入（现价）	Y_2	各地级市农村人均可支配收入的中位数
	城镇中等收入人群人均收入（不变价）	Y_3	各地级市城镇人均可支配收入的中位数
	农村中等人群人均收入（不变价）	Y_4	各地级市农村人均可支配收入的中位数
西藏	城镇中等人群人均收入（现价）	Z_1	各地级市城镇人均可支配收入的中位数
	农村中等人群人均收入（现价）	Z_2	各地级市农村人均可支配收入的中位数
	城镇中等人群人均收入（不变价）	Z_3	各地级市城镇人均可支配收入的中位数
	农村中等人群人均收入（不变价）	Z_4	各地级市农村人均可支配收入的中位数

资料来源：《青海统计年鉴》（2001~2020）、《西藏统计年鉴》（2007~2020）。

预测是建立在历史数据的基础上，历史样本数据越多，预测就越精确（游丹丹和陈福集，2016）。在数据的可得性下，选取青海省2000~2019年的样本数据，选取西藏自治区2006~2019年的样本数据，数据来源于《青海统计年鉴》（2001~2020）和《西藏统计年鉴》（2007~2020），所有数据基于2000年全国城镇和农村的收入指数测算出的不变价进行调整。

二、预测模型介绍

（一）ARIMA 模型

ARIMA 模型在时序数列预测中精确度较高，将因变量相对它的滞后值及误差项和它的滞后值建立模型，把随时间推移的时序数列看作随机序列，体现原始时序数据在时间上的延续，既有自身变动规律，又受外部因素影响。ARIMA 模型的全称叫作自回归移动平均模型，也记作 ARIMA（p，d，q）。其中，p 代表预测模型中采用的时序数据本身的滞后数；d 代表时序数据需要进行几阶差分化，才是稳定的；q 代表预测模型中采用的预测误差的滞后数。其基本方程如下（钱力，2014）：

$$\hat{y}_t = \mu + \varphi_1 y_{t-1} + \varphi_2 y_{t-2} + \cdots + \varphi_p y_{t-p} + \theta_1 e_{t-1} + \theta_2 e_{t-2} + \cdots + \theta_p e_{t-p} \tag{7-1}$$

其中，φ 表示 AR 的系数，θ 表示 MA 的系数。

（二）指数平滑法

指数平滑模型是对过去观测值的加权平均来预测未来数值，是对不规则的时间序列加以平滑，从而获得其变化规律和趋势，以对未来进行推断和预测。本章所用到的指数平滑法的模型有 Brown 单一参数线性指数平滑法模型、Holt 双参数线性指数平滑法模型、三次平滑法模型和二次指数平滑模型，从中选取最优的指数平滑模型（陈远和王菲菲，2009）。

指数平滑法是可以有不同的参数至原时间序列的趋势进行平滑，这种预测方法要用到两个参数 α、γ（从 0 到 1 取值），其基本方程如下（陈有为，2015）：

$$s_t = \alpha x_t + (1-\alpha)(s_{t-1} + b_{t-1}) \tag{7-2}$$

$$b_t = \gamma(s_t - s_{t-1}) + (1-\gamma) b_{t-1} \tag{7-3}$$

$$y_{t+m} = s_t + b_t m \tag{7-4}$$

式（7-2）是利用前一期的趋势值 b_{t-1} 直接修正 s_t，即将 b_{t-1} 加在前一平滑值 s_{t-1} 上，用来消除滞后，且使 s_t 值近似达到最新数值 x_t。式（7-3）用来修正趋势值 b_t，趋势值用相邻两次平滑值之差来表示。用式（7-4）进行预测，预测值为基础值加上趋势值乘以预测值超前期数。

（三）二次曲线估计模型

二次曲线法是研究时间序列观察值数据随时间变动呈现一种由高到低再到高（或由低到高再到低）的趋势变化的曲线外推预测方法。根据因变量数据不同、模型检验的可靠性以及模型的复杂程度等因素，主要选择了二次曲线作为预测模型。二次曲线模型的表达式为（陈有为，2015）：

$$y = \beta_0 + \beta_1 t + \beta_2 t^2 + \varepsilon \tag{7-5}$$

其中，y 为因变量，自变量 t 为时间序列号，β_i（$i=0$，1，2，3），ε 为随机扰动项。

（四）预测精度

为选取更优的预测估计模型，基于预测精度方法来比较分析上述三种预测结果的精确度。通常测定预测精度的方法有平均误差、平均绝对误差、平均相对误差、预测误差的方差和标准差。考虑到预测结果的精确度和可靠性以及计算的方便，选择平均相对误差来衡量预测的精度，MAPE 值越小代表预测精度越高。计算公式为（杨青和王晨蔚，2019）：

$$\text{MAPE} = \frac{1}{n} \sum_{i=1}^{n} \left| \frac{y_i - \hat{y}_i}{y_i} \right| \tag{7-6}$$

第三节　青海中等收入人群的收入预测及演变趋势分析

一、现行价格下城乡中等收入人群的收入预测

（一）城镇中等收入人群人均可支配收入（Y_1）预测

1. ARIMA（p，d，q）模型

对青海现行价格城镇中等收入人群人均可支配收入进行相关图和 BL 统计量，如图 7-1 所示。

自相关函数	偏自相关函数	延迟阶数	自相关系数	偏自相关系数	Box–L–jung统计量	显著性
		1	−0.416	−0.416	3.672	0.055
		2	0.227	0.065	4.836	0.089
		3	−0.498	−0.465	10.793	0.013
		4	0.189	−0.244	11.707	0.020
		5	0.081	0.202	11.890	0.036
		6	0.186	0.144	12.929	0.044
		7	−0.141	−0.075	13.575	0.059
		8	−0.233	−0.267	15.529	0.050
		9	0.087	0.071	15.830	0.071
		10	−0.033	−0.091	15.878	0.103
		11	0.137	−0.317	16.845	0.113
		12	−0.045	0.050	16.968	0.151
		13	−0.118	−0.034	17.972	0.159
		14	0.016	−0.138	17.993	0.207
		15	−0.016	−0.117	18.026	0.261
		16	0.057	−0.119	18.602	0.290

图 7-1　青海现行价格城镇中等收入人群人均可支配收入进行相关图和 BL 统计量

资料来源：根据《青海统计年鉴》（2001~2020）数据运用 SPSSAU 软件计算整理而得。

ARIMA 模型残差为白噪声，即残差不存在自相关性，可通过 BL 统计量和 Q 统计量检验进行白噪声检验（原假设：残差是白噪声）。经 SPSSAU 自动进行识

别后，ACF 图和 PACF 图都显著不截尾（见图 7-1），接下来则需要选择合适的 ARIMA 阶数，可选择 ACF 图中最显著的阶数作为 q 值，选择 PACF 中最显著的阶数作为 p 值，因此，最终建议自回归阶数 p 值为 0，移动平均阶数 q 值为 1。

运用 SPSSAU 软件，建模结果参数表（见表 7-2），结合 AIC 信息准则（该值越低越好），SPSSAU 自动对多个潜在备选模型进行建模和对比选择，最终找出最优模型为：ARIMA（0，2，1）。Q6 用于判断检验残差前 6 阶自相关系数是否满足白噪声，通常其对应 P 值大于 0.1，则说明满足白噪声检验（反之则说明不是白噪声）。从 Q 统计量结果看，Q6 的 P 值大于 0.1，同时，从 1 阶至 16 阶的 BL 统计量相应的概率值均大于 0.01，均接受原假设，都表明模型的残差是白噪声，模型较好。

表 7-2 ARIMA（0，2，1）模型参数

项	符号	值
常数项	c	123.87
MA 参数	β1	−1.000
Q 统计量	Q6（P 值）	0.468（0.494）
	Q12（P 值）	4.212（0.648）
	Q18（p 值）	11.900（0.454）
	Q24（P 值）	Null（null）
	Q30（P 值）	Null（null）
信息准则	AIC	262.440
	BIC	265.111

资料来源：根据《青海统计年鉴》（2001~2020）数据运用 SPSSAU 软件计算整理而得。

基于模型 ARIMA（0，2，1）的拟合结果如下

$$Y_t = 123.870 - 1.000 \times \varepsilon_{t-1} \tag{7-7}$$

其中，模型拟合优度 R^2 为 0.99，非常接近 1，表明模型的拟合效果很好（龚承刚等，2014）。

2. Brown 单一参数线性指数平滑法模型

在指数平滑模型中又存在了简单、Holt 线性趋势、Brown 线性趋势、阻尼趋势这 4 个模型。结果发现 Brown 线性指数平滑法模型预测最小，建模结果如表 7-3 所示。

表7-3　Brown单一参数指数线性平滑法模型统计量

模型	预测变量数	模型拟合统计量								Ljung-Box Q（18）			离散值数
		平稳的R^2	R^2	RMSE	MAPE	MAE	MaxAPE	MaxAE	正态化BIC	统计量	DF	Sig.	
$Y1$	0	0.028	0.999	351.945	2.202	261.108	11.493	1054.568	11.877	15.485	17	0.561	0

资料来源：根据《青海统计年鉴》（2001~2020）数据运用SPSSAU软件计算整理而得。

由表7-3中拟合优度 $R^2 = 0.999$ 可以看出（吴开俊等，2019），Brown线性指数平滑法建立青海现行价格的城镇中等收入人群人均收入模型非常符合实际情况，并且所有数据中没有离群值（孤立点）。

3. 二次曲线模型

运用已知数据，建立多种曲线模型进行比较发现，二次曲线模型效果最佳，其模拟结果为：

$$Y = 268515834.188 - 268793.407t + 67.269t^2 \tag{7-8}$$

其中，二次曲线模型的拟合度 $R^2 = 0.999$，$F = 9003.903$，F统计量多对应的P值为0.000，由此可见，该模型的拟合效果较好（陶莎等，2014）。

4. 最优预测模型的选取

基于MAPE模型来衡量预测的精确度，由于ARIMA模型进行了2阶差分处理，故比较分析2002~2019年3种模型预测的MAPE的平均结果，如表7-4所示。

表7-4　3种模型对青海省现价城镇中等收入人群人均可支配收入（Y_1）预测结果

单位：元，%

年份	Y_1	ARIMA模型		Brown模型		二次曲线模型	
		拟合值	MAPE	拟合值	MAPE	拟合值	MAPE
2002	6507	6708	3.10	6551	0.68	6085	6.48
2003	6812	7366	8.13	7151	4.98	6704	1.59
2004	7339	7612	3.73	7185	2.09	7458	1.62
2005	7718	8196	6.20	7831	1.47	8346	8.14
2006	9176	8605	6.22	8121	11.49	9369	2.11
2007	10370	10283	0.83	10419	0.48	10526	1.51
2008	11845	11615	1.94	11584	2.20	11818	0.23
2009	12966	13245	2.15	13267	2.32	13244	2.15

年份	Y_1	ARIMA 模型		Brown 模型		二次曲线模型	
		拟合值	MAPE	拟合值	MAPE	拟合值	MAPE
2010	14580	14460	0.82	14151	2.94	14805	1.54
2011	16452	16212	1.46	16104	2.12	16501	0.30
2012	18726	18231	2.64	18258	2.50	18331	2.11
2013	20730	20672	0.28	20909	0.87	20295	2.10
2014	22563	22805	1.07	22774	0.94	22394	0.75
2015	24869	24746	0.49	24436	1.74	24628	0.97
2016	27129	27186	0.21	27085	0.16	26996	0.49
2017	29595	29568	0.09	29384	0.71	29499	0.33
2018	32099	32161	0.19	32019	0.25	32136	0.12
2019	34387	34787	1.16	34588	0.59	34908	1.52
平均值	17437	17470	2.26	17323	2.14	17447	1.89

资料来源：根据《青海统计年鉴》（2001~2020）数据运用 SPSSAU 软件计算整理而得。

表 7-4 表明了二次曲线模型预测的 MAPE 的平均值最小，为 1.89%（杨青和王晨蔚，2019）。因此，选择二次曲线模型对青海省现行价格的城镇中等收入人群人均可支配收入进行预测，其结果如表 7-5 所示。

表 7-5　二次曲线模型预测青海省现价城镇中等收入人群人均可支配收入（Y_1）

单位：元

年份	Y_1	年份	Y_1
2020	37814	2028	65908
2021	40855	2029	70025
2022	44030	2030	74277
2023	47340	2031	78663
2024	50785	2032	83184
2025	54364	2033	87839
2026	58077	2034	92629
2027	61925	2035	97553

注：结合国家"十四五"规划，在最优预测模型下预测青海 2020~2035 年的城乡中等收入人均可支配收入。

资料来源：根据《青海统计年鉴》（2001~2020）数据运用 SPSSAU 软件计算整理而得。

由表7-5可知，按世界银行2020年的划分标准①，高于12535美元是高收入组别，按2020年的平均汇率折算后（1美元=6.8974元）②，2020~2032年，青海城镇中等人均可支配收入处于中等偏上收入组别，在2031年以后，2033年青海城镇中等人均可支配收入可达高收入组别。

（二）农村中等收入人群人均纯收入（Y_2）预测

1. ARIMA（p，d，q）模型

对青海现行价格农村中等收入人群人均纯收入进行相关图和BL统计量，如图7-2所示。

自相关函数	偏自相关函数	延迟阶数	自相关系数	偏自相关系数	Box-L-jung统计量	显著性
		1	−0.294	−0.294	1.829	0.176
		2	0.144	0.063	2.297	0.317
		3	−0.250	−0.211	3.801	0.284
		4	−0.110	−0.274	4.112	0.391
		5	0.064	−0.012	4.224	0.518
		6	−0.005	−0.023	4.225	0.646
		7	−0.037	−0.179	4.269	0.748
		8	−0.007	−0.103	4.271	0.832
		9	−0.166	−0.226	5.371	0.801
		10	0.003	−0.243	5.371	0.865
		11	0.057	−0.104	5.539	0.902
		12	0.085	−0.071	5.968	0.918
		13	0.099	−0.060	6.676	0.918
		14	−0.013	0.048	6.691	0.946
		15	−0.013	−0.039	6.710	0.965
		16	−0.033	−0.070	6.905	0.975

图7-2　青海现行价格农村中等人群人均纯收入进行相关图和BL统计量

资料来源：根据《青海统计年鉴》（2001~2020）数据运用SPSSAU软件计算整理而得。

经SPSSAU自动进行识别后，ACF图和PACF图都显著不截尾（见图7-2），最终建议ARIMA模型的自回归阶数p值为1，移动平均阶数q值为0。

<hr />

① 世界银行2020年最新的划分标准：人均国民年收入低于1036美元的低收入国家，处于1036~4045美元的为中低收入国家，处于4046~12535美元的为中高收入国家；高于12535美元的为高收入国家。

② 中华人民共和国商务部.2020年人民币汇率保持基本稳定［EB/OL］.［2021-01-28］.http://www.mofcom.gov.cn/article/i/jyjl/e/202101/20210103034969.shtml.

ARIMA 模型结果参数表如表 7-6 所示，结合 AIC 信息准则（该值越低越好），SPSSAU 自动对多个潜在备选模型进行建模和对比选择，最终找出最优模型为：ARIMA（1，2，0）。从 Q 统计量结果看，Q6 的 P 值大于 0.1，同时，从 1 阶至 16 阶的 Box-L-jung 统计量相应的概率值均大于 0.01，均接受原假设，都表明模型残差不存在自相关性，模型较好。

表 7-6　ARIMA（1，2，0）模型参数

项	符号	值
常数项	c	48.899
AR 参数	α1	−0.296
Q 统计量	Q6（P 值）	0.006（0.939）
	Q12（P 值）	3.001（0.809）
	Q18（P 值）	6.911（0.863）
	Q24（p 值）	Null（null）
	Q30（P 值）	Null（null）
信息准则	AIC	230.862
	BIC	233.533

资料来源：根据《青海统计年鉴》（2001~2020）数据运用 SPSSAU 软件计算整理而得。

基于模型 ARIMA（1，2，0）的拟合结果如下：

$$Y_t = 48.899 - 0.296 \times y_{t-1}$$ （7-9）

其中，模型拟合优度 R^2 为 0.999，非常接近 1，表明模型的拟合效果很好（龚承刚等，2014）。

2. Brown 单一参数线性指数平滑法模型

在各种指数平滑模型中，结果发现 Brown 线性指数平滑法模型预测最小，建模结果如表 7-7 所示。

表 7-7　Brown 单一参数指数线性平滑法模型统计量

模型	预测变量数	模型拟合统计量							Ljung-Box Q（18）			离散值数
		平稳的 R^2	R^2	RMSE	MAPE	MAE	MaxAPE	MaxAE	正态化 BIC	统计量	DF	Sig.	
Y_1	0	−0.12	0.99	134.64	2.38	97.86	7.81	397.33	9.96	6.50	17	0.99	0

资料来源：根据《青海统计年鉴》（2001~2020）数据运用 SPSSAU 软件计算整理而得。

由表 7-7 中拟合优度 $R^2 = 0.999$ 可以看出（吴开俊等，2019），Brown 线性指数平滑法建立青海现行价格的农村中等收入人群人均纯收入模型非常符合实际情况，并且所有数据中没有离群值（孤立点）。

3. 二次曲线模型

运用已知数据，建立多种曲线模型进行比较发现，二次曲线模型效果最佳，其模拟结果为：

$$Y = 115691951.281 - 115720.620t + 28.938t^2 \tag{7-10}$$

其中，二次曲线模型的拟合度 $R^2 = 0.997$，$F = 3116.946$，F 统计量多对应的 P 值为 0.000，由此可见，该模型的拟合效果较好（陶莎和胡志华，2014）。

4. 最优预测模型的选取

基于 MAPE 模型来衡量预测的精确度，由于 ARIMA 模型进行了 2 阶差分处理，故比较分析 2002～2019 年 3 种模型预测的 MAPE 的平均结果，如表 7-8 所示。

表 7-8　3 种模型对青海省现价农村中等人群人均纯收入（Y_2）预测结果

单位：元,%

年份	Y_2	ARIMA 模型		Brown 模型		二次曲线模型	
		拟合值	MAPE	拟合值	MAPE	拟合值	MAPE
2002	1587	1714	8.04	1663	4.82	1459	8.05
2003	1701	1775	4.35	1696	0.29	1633	3.97
2004	1829	1875	2.54	1814	0.79	1866	2.05
2005	2047	2016	1.53	1956	4.46	2156	5.32
2006	2292	2302	0.44	2256	1.57	2505	9.27
2007	2713	2592	4.45	2534	6.59	2911	7.30
2008	3218	3145	2.25	3117	3.12	3375	4.89
2009	3825	3762	1.63	3714	2.89	3897	1.89
2010	4250	4465	5.06	4422	4.05	4476	5.33
2011	5089	4792	5.84	4692	7.80	5114	0.49
2012	5938	5869	1.16	5890	0.81	5810	2.16
2013	6882	6847	0.51	6783	1.44	6563	4.64
2014	7773	7861	1.14	7817	0.57	7374	5.12
2015	8473	8743	3.19	8668	2.31	8243	2.70
2016	9255	9293	0.42	9192	0.68	9170	0.91

续表

年份	Y_2	ARIMA 模型		Brown 模型		二次曲线模型	
		拟合值	MAPE	拟合值	MAPE	拟合值	MAPE
2017	10082	10076	0.06	10030	0.52	10155	0.73
2018	11021	10959	0.56	10904	1.06	11198	1.61
2019	12065	11990	0.62	11949	0.96	12299	1.94
平均值	5558	5560	2.43	5505	2.49	5567	3.80

资料来源：根据《青海统计年鉴》（2001~2020）数据运用 SPSSAU 软件计算整理而得。

表 7-8 表明了 ARIMA 模型预测的 MAPE 的平均值最小，为 2.43%（杨青和王晨蔚，2019）。因此，选择 ARIMA 模型对青海省现行价格的农村中等收入人群人均纯收入进行预测，其结果如表 7-9 所示。

表 7-9　ARIMA 模型预测青海省现价农村中等人群人均纯收入（Y_2）

单位：元

年份	Y_2	年份	Y_2
2020	13141	2028	23543
2021	14271	2029	25063
2022	15449	2030	26632
2023	16676	2031	28250
2024	17951	2032	29917
2025	19276	2033	31633
2026	20649	2034	33397
2027	22072	2035	35211

注：结合国家"十四五"规划，在最优模型下预测青海 2020~2035 年的城乡中等收入人群人均收入。

资料来源：根据《青海统计年鉴》（2001~2020）数据运用 SPSSAU 软件计算整理而得。

由表 7-9 可知，按世界银行 2020 年的划分标准，高于 12535 美元则是高收入组别，按 2020 年的平均汇率折算后（1 美元 = 6.8974 元）[①]，2020~2030 年，青海农村中等收入人群人均收入处于中等偏下收入组别，在 2031 年以后，青海

① 中华人民共和国商务部．2020 年人民币汇率保持基本稳定［EB/OL］．［2021-01-28］．http：// www.mofcom.gov.cn/article/i/jyjl/e/202101/20210103034969.shtml.

农村中等人均收入可达中等偏上收入组别。

二、不变价格下城乡中等收入居民增收预测

（一）城镇中等收入人群人均可支配收入（Y_3）预测

1. ARIMA（p，d，q）模型

对青海不变价格城镇中等收入人群人均可支配收入进行相关图和 BL 统计量，如图 7-3 所示。

自相关函数	偏自相关函数	延迟阶数	自相关系数	偏自相关系数	Box-L-jung 统计量	显著性
		1	−0.640	−0.640	8.664	0.003
		2	0.474	0.110	13.718	0.001
		3	−0.379	−0.066	17.156	0.001
		4	0.058	−0.397	17.244	0.002
		5	0.040	−0.010	17.287	0.004
		6	−0.066	0.057	17.416	0.008
		7	0.134	−0.047	18.005	0.012
		8	−0.171	−0.165	19.056	0.015
		9	0.051	−0.178	19.162	0.024
		10	−0.003	0.054	19.162	0.038
		11	−0.016	−0.014	19.175	0.058
		12	0.069	−0.132	19.457	0.078
		13	−0.084	−0.082	19.966	0.096
		14	0.017	0.085	19.991	0.130
		15	0.007	0.004	19.997	0.172
		16	− 0.008	−0.035	20.009	0.220

图 7-3　青海不变价格城镇中等收入人群人均可支配收入进行相关图和 BL 统计量

资料来源：根据《青海统计年鉴》（2001～2020）数据运用 SPSSAU 软件计算整理而得。

经 SPSSAU 自动进行识别后，自相关函数 ACF 与偏自相关函数 PACF 均是拖尾的，可建立 ARMA 模型。

运用 SPSSAU 软件，建模结果参数（见表 7-10），结合 AIC 信息准则（该值越低越好），选取最优模型为：ARIMA（1，2，0）。Q6 用于判断检验残差前 6 阶自相关系数是否满足白噪声，通常其对应 P 值大于 0.1，则说明满足白噪声检验（反之则说明不是白噪声）。从 Q 统计量结果看，Q6 的 P 值大于 0.1，同时，从 1 阶至 16 阶的 BL 统计量相应的概率值整体大于 0.01，均接受原假设，都表明模型的残差是白噪声，模型较好。

表 7-10　ARIMA (1, 2, 0) 模型参数

项	符号	值
常数项	c	4.248
AR 参数	α1	−0.711
Q 统计量	Q6 (P 值)	0.400 (0.527)
	Q12 (P 值)	4.944 (0.551)
	Q18 (P 值)	7.156 (0.847)
	Q24 (P 值)	Null (null)
	Q30 (P 值)	Null (null)
信息准则	AIC	241.474
	BIC	244.145

资料来源：根据《青海统计年鉴》（2001~2020）数据运用 SPSSAU 软件计算整理而得。

基于模型 ARIMA（1, 2, 0）的拟合结果如下：

$$Y_t = 4.248 - 0.711 \times y_{t-1} \tag{7-11}$$

其中，模型拟合优度 R^2 为 0.961，非常接近 1，表明模型的拟合效果很好（龚承刚等，2014）。

2. Brown 单一参数线性指数平滑法模型

在指数平滑模型中又存在了简单、Holt 线性趋势、Brown 线性趋势、阻尼趋势这四个模型。结果发现 Brown 线性指数平滑法模型预测最小，建模结果如表 7-11 所示。

表 7-11　Brown 单一参数指数线性平滑法模型统计量

模型	预测变量数	模型拟合统计量								Ljung-Box Q (18)			离散值数
		平稳的 R^2	R^2	RMSE	MAPE	MAE	MaxAPE	MaxAE	正态化 BIC	统计量	DF	Sig.	
Y_1	0	0.55	0.97	162.33	2.10	116.72	8.33	441.14	10.33	9.68	17	0.92	0

资料来源：根据《青海统计年鉴》（2001~2020）数据运用 SPSSAU 软件计算整理而得。

由表 7-11 中拟合优度 $R^2 = 0.968$ 可以看出（吴开俊等，2019），Brown 线性指数平滑法建立青海不变价格的城镇中等收入人群人均可支配收入模型非常符合实际情况，并且所有数据中没有离群值（孤立点）。

3. 二次曲线模型

运用已知数据，建立多种曲线模型进行比较发现，二次曲线模型效果最佳，其模拟结果为：

$$Y = 32726175.250 - 32711.042t + 8.175t^2 \qquad (7-12)$$

其中，二次曲线模型的拟合度 $R^2 = 0.971$，$F = 287.945$，F 统计量多对应的 P 值为 0.000，由此可见，该模型的拟合效果较好（陶莎和胡志华，2014）。

4. 最优预测模型的选取

基于 MAPE 模型来衡量预测的精确度，由于 ARIMA 模型进行了 2 阶差分处理，故比较分析 2002~2019 年 3 种模型预测的 MAPE 的平均结果，如表 7-12 所示。

表 7-12 3 种模型对青海省不变价城镇中等人群人均可支配收入（Y_3）预测结果

单位：元,%

年份	Y_3	ARIMA 模型		Brown 线性模型		二次曲线模型	
		拟合值	MAPE	拟合值	MAPE	拟合值	MAPE
2002	5303	5684	7.19	5425	2.31	5158	2.73
2003	5100	5459	7.03	5354	4.97	5189	1.73
2004	5110	4964	2.86	5109	0.02	5236	2.46
2005	4910	4976	1.34	5063	3.12	5300	7.93
2006	5295	4867	8.08	4854	8.32	5379	1.60
2007	5341	5271	1.31	5232	2.05	5476	2.52
2008	5636	5635	0.01	5382	4.50	5588	0.84
2009	5626	5761	2.39	5716	1.59	5717	1.62
2010	5877	5840	0.62	5757	2.03	5863	0.24
2011	6118	5950	2.74	5995	2.01	6024	1.52
2012	6353	6373	0.31	6270	1.31	6202	2.37
2013	6574	6600	0.39	6537	0.57	6397	2.70
2014	6702	6812	1.65	6779	1.15	6608	1.40
2015	6932	6903	0.42	6910	0.32	6835	1.40
2016	7162	7097	0.91	7125	0.52	7078	1.18
2017	7339	7399	0.81	7362	0.31	7338	0.02
2018	7539	7561	0.29	7546	0.09	7614	0.99
2019	7695	7730	0.46	7740	0.59	7907	2.75
平均值	6145	6160	2.16	6120	1.99	6162	2.00

资料来源：根据《青海统计年鉴》（2001~2020）数据运用 SPSSAU 软件计算整理而得。

表 7-12 表明了 Brown 线性模型预测的 MAPE 的平均值最小，为 1.99%（杨青和王晨蔚，2019）。因此，选择 Brown 线性模型对青海省不变价格的城镇中等收入人群人均可支配收入进行预测，其结果如表 7-13 所示。

表 7-13　Brown 线性模型预测青海省不变价城镇中等收入人群人均可支配收入（Y_3）

单位：元

年份	Y_3	年份	Y_3
2020	7892	2028	9388
2021	8079	2029	9575
2022	8266	2030	9762
2023	8453	2031	9949
2024	8640	2032	10136
2025	8827	2033	10323
2026	9014	2034	10510
2027	9201	2035	10697

注：结合国家"十四五"规划，在最优模型下预测青海 2020~2035 年的城乡中等收入人群人均收入。

资料来源：根据《青海统计年鉴》（2001~2020）数据运用 SPSSAU 软件计算整理而得。

（二）农村中等人群人均纯收入（Y_4）预测

1. ARIMA（p，d，q）模型

对青海不变价格农村中等收入人群人均纯收入进行相关图和 BL 统计量，如图 7-4 所示。经 SPSSAU 自动进行识别后，自相关函数 ACF 与偏自相关函数 PACF 均是拖尾的，可建立 ARMA 模型。

运用 SPSSAU 软件，建模结果参数（见表 7-14），结合 AIC 信息准则（该值越低越好），选取最优模型为 ARIMA（1，2，0）。Q6 用于判断检验残差前 6 阶自相关系数是否满足白噪声，通常其对应 P 值大于 0.1，则说明满足白噪声检验（反之则说明不是白噪声）。从 Q 统计量结果看，Q6 的 P 值大于 0.1，同时，从 1 阶至 16 阶的 BL 统计量相应的概率值均大于 0.01，均接受原假设，都表明模型的残差是白噪声，模型较好。

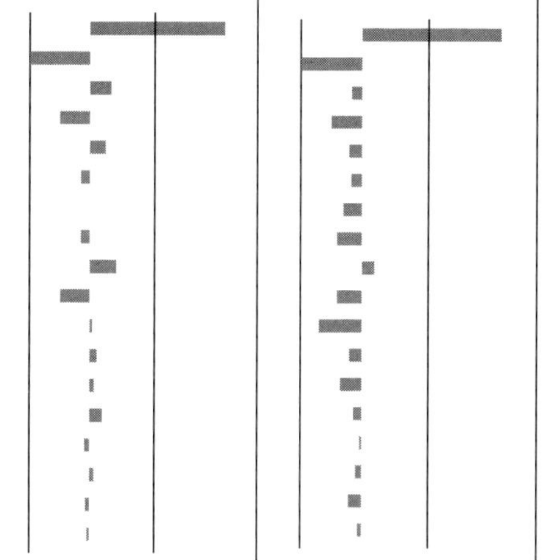

自相关函数	偏自相关函数	延迟阶数	自相关系数	偏自相关系数	Box-L-jung统计量	显著性
		1	-0.464	-0.464	4.569	0.033
		2	0.153	-0.080	5.095	0.078
		3	-0.227	-0.241	6.336	0.096
		4	0.121	-0.107	6.714	0.152
		5	-0.078	-0.092	6.882	0.230
		6	-0.002	-0.146	6.882	0.332
		7	-0.069	-0.189	7.040	0.425
		8	0.194	0.077	8.390	0.396
		9	-0.232	-0.193	10.551	0.308
		10	0.007	-0.317	10.553	0.393
		11	0.049	-0.110	10.677	0.471
		12	0.021	-0.171	10.703	0.555
		13	0.085	-0.071	11.223	0.592
		14	-0.040	-0.019	11.368	0.657
		15	0.029	-0.051	11.471	0.719
		16	-0.028	-0.106	11.614	0.770

图 7-4　青海不变价格农村中等收入人群人均纯收入进行相关图和 BL 统计量

资料来源：根据《青海统计年鉴》（2001~2020）数据运用 SPSSAU 软件计算整理而得。

表 7-14　ARIMA（1，2，0）模型参数

项	符号	值
常数项	c	-0.22
AR 参数	α1	-0.486
Q 统计量	Q6（P 值）	0.009（0.923）
	Q12（P 值）	1.930（0.926）
	Q18（P 值）	6.307（0.900）
	Q24（P 值）	null（null）
	Q30（P 值）	null（null）
信息准则	AIC	205.229
	BIC	207.9

资料来源：根据《青海统计年鉴》（2001~2020）数据运用 SPSSAU 软件计算整理而得。

基于模型 ARIMA（1，2，0）的拟合结果如下：

$$Y_t = -0.220 - 0.486 \times y_{t-1} \tag{7-13}$$

其中，模型拟合优度 R^2 为 0.984，非常接近 1，表明模型的拟合效果很好（龚承刚等，2014）。

2. Brown 单一参数线性指数平滑法模型

在指数平滑模型中又存在了简单、Holt 线性趋势、Brown 线性趋势、阻尼趋势这 4 个模型。结果发现 Brown 线性指数平滑法模型预测最小，建模结果如表 7-15 所示。

表 7-15　Brown 单一参数指数线性平滑法模型统计量

| 模型 | 预测变量数 | 模型拟合统计量 | | | | | | | | Ljung-Box Q（18） | | | 离散值数 |
		平稳的 R^2	R^2	RMSE	MAPE	MAE	MaxAPE	MaxAE	正态化 BIC	统计量	DF	Sig.	
Y_1	0	0.00	0.99	53.32	2.29	43.46	5.33	89.21	8.11	10.39	18	0.92	0

资料来源：根据《青海统计年鉴》（2001~2020）数据运用 SPSSAU 软件计算整理而得。

由表 7-15 中拟合优度 $R^2 = 0.989$ 可以看出（吴开俊等，2019），Brown 线性指数平滑法建立青海不变价格的农村中等收入人群人均可支配收入模型非常符合实际情况，并且所有数据中没有离群值（孤立点）。

3. 二次曲线模型

运用已知数据，建立多种曲线模型进行比较发现，二次曲线模型效果最佳，其模拟结果为：

$$Y = 2041048.219 - 2118.222t + 0.549t^2 \qquad (7-14)$$

其中，二次曲线模型的拟合度 $R^2 = 0.981$，$F = 432.793$，F 统计量多对应的 P 值为 0.000，由此可见，该模型的拟合效果较好（陶莎和胡志华，2014）。

4. 最优预测模型的选取

基于 MAPE 模型来衡量预测的精确度，由于 ARIMA 模型进行了 2 阶差分处理，故比较分析 2002~2019 年 3 种模型预测的 MAPE 的平均结果，如表 7-16 所示。

表 7-16　3 种模型对青海省不变价农村中等收入人群人均纯收入（Y_4）预测结果

单位：元，%

| 年份 | Y_4 | ARIMA 模型 | | Brown 线性模型 | | 二次曲线模型 | |
		拟合值	MAPE	拟合值	MAPE	拟合值	MAPE
2002	1441	1533	6.42	1501	4.20	1404	2.51
2003	1474	1507	2.22	1523	3.31	1486	0.76
2004	1477	1501	1.62	1556	5.35	1568	6.14
2005	1550	1494	3.63	1559	0.56	1651	6.51
2006	1609	1589	1.22	1632	1.45	1736	7.89
2007	1730	1674	3.24	1691	2.26	1821	5.27

年份	Y_4	ARIMA 模型		Brown 线性模型		二次曲线模型	
		拟合值	MAPE	拟合值	MAPE	拟合值	MAPE
2008	1891	1821	3.70	1812	4.17	1908	0.90
2009	2062	2032	1.43	1973	4.29	1996	3.20
2010	2056	2228	8.37	2144	4.28	2084	1.39
2011	2210	2136	3.35	2138	3.26	2174	1.61
2012	2329	2286	1.86	2292	1.60	2265	2.74
2013	2469	2465	0.18	2411	2.36	2358	4.53
2014	2553	2598	1.76	2551	0.08	2451	4.01
2015	2589	2664	2.90	2635	1.78	2545	1.69
2016	2662	2648	0.53	2671	0.34	2641	0.80
2017	2704	2717	0.48	2744	1.48	2737	1.23
2018	2774	2761	0.46	2786	0.44	2835	2.20
2019	2859	2830	1.02	2856	0.11	2934	2.61
平均值	2136	2138	2.47	2138	2.30	2144	3.11

资料来源：根据《青海统计年鉴》（2001~2020）数据运用 SPSSAU 软件计算整理而得。

表 7-16 表明了 Brown 线性模型预测的 MAPE 的平均值最小，为 2.30%（杨青和王晨蔚，2019）。因此，选择 Brown 线性模型对青海省不变价格的农村中等收入人群人均纯收入进行预测，其结果如表 7-17 所示。

表 7-17　Brown 线性模型预测青海省不变价农村中等人群人均收入（Y_4）

单位：元

年份	Y_4	年份	Y_4
2020	2941	2028	3595
2021	3023	2029	3677
2022	3104	2030	3759
2023	3186	2031	3840
2024	3268	2032	3922
2025	3350	2033	4004
2026	3432	2034	4086
2027	3513	2035	4168

注：结合国家"十四五"规划，在最优模型下预测青海 2020~2035 年的城乡中等收入人群人均收入。

资料来源：根据《青海统计年鉴》（2001~2020）数据运用 SPSSAU 软件计算整理而得。

三、两种价格下青海省城乡中等收入人群人均收入及收入差距预测值比较分析

图 7-5 展示了不同价格下的 2000~2019 年青海省城镇中等收入人均收入实际值与预测值的变化趋势。

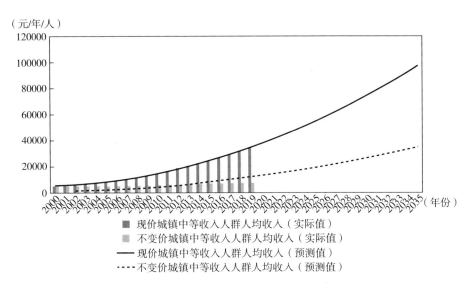

图 7-5 青海不同价格城镇中等收入人群人均可支配收入实际值与预测值的比较分析

注：结合国家"十四五"规划，在最优模型下预测青海 2020~2035 年的城乡中等收入人群人均收入。

资料来源：根据《青海统计年鉴》（2001~2020）数据运用 SPSSAU 软件计算整理而得。

整体来看，在现价之下的 2000~2019 年青海省城镇中等收入人群人均可支配收入预测值呈"指数"型增长。经可比价换算后，其增长趋势变得缓慢下来。在最佳模型估算的预测值与实际值差距很小，模型拟合效果较好。青海省现价和不变价城镇中等收入人群人均可支配收入的预测值在 2035 年将分别达到 97553元和 10697 元，比较分析后发现不变价预测结果更为科学合理。

图 7-6 展示了不同价格下的 2000~2019 年青海省农村中等收入人群人均纯收入实际值与预测值的变化趋势。

整体来看，在现价之下的 2000~2019 年青海省农村中等收入人群人均纯收入预测值呈"指数"型增长。经可比价换算后，其增长趋势变得十分缓慢。在最佳模型估算的预测值与实际值差距很小，模型拟合效果较好。青海省现价和不变价农村中等收入人群人均纯收入的预测值在 2035 年将分别达到 35211 元和4168 元，比较分析后发现不变价预测结果更符合青海实际。

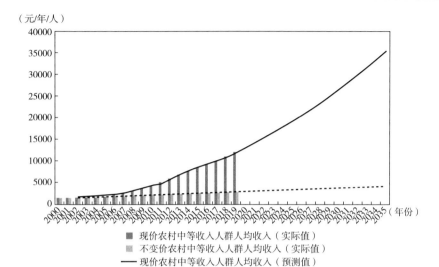

（元/年/人）

图7-6　青海不同价格农村中等人群人均纯收入实际值与预测值的比较分析

注：结合国家"十四五"规划，在最优模型下预测青海2020～2035年的城乡中等收入人群人均收入。

资料来源：根据《青海统计年鉴》（2001～2020）数据运用SPSSAU软件计算整理而得。

图7-7展示了不同价格下的2000～2019年青海省农村中等收入人群人均纯收入差距的变化趋势。

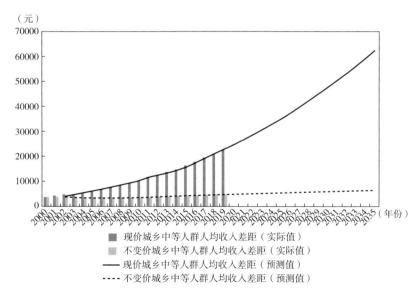

（元）

图7-7　青海不同价格城乡中等人群人均收入差距实际值与预测值的比较分析

注：结合国家"十四五"规划，在最优模型下预测青海2020～2035年的城乡中等均收入。

资料来源：根据《青海统计年鉴》（2001～2020）数据运用SPSSAU软件计算整理而得。

整体来看，在现价之下的 2000~2019 年青海省城乡中等收入人群人均收入差距预测值呈"指数"型增长。经可比价换算后，城乡中等收入人群人均收入差距基本呈平缓趋势。在最佳模型估算的预测值与实际值差距很小，模型拟合效果较好。青海省现价和不变价城乡中等收入人群人均收入差距的预测值在 2035 年将分别达到 62342 元和 6530 元，比较分析后发现不变价预测结果更符合青海实际。

第四节　西藏中等收入人群收入预测及演变趋势分析

一、现行价格下城乡中等收入居民增收预测

（一）城镇中等人群人均可支配收入（Z_1）预测

1. ARIMA（p，d，q）模型

对西藏现行价格城镇中等收入人群人均可支配收入进行相关图和 BL 统计量，如图 7-8 所示。

自相关函数	偏自相关函数	延迟阶数	自相关系数	偏自相关系数	Box-L-jung统计量	显著性
		1	-0.647	-0.647	6.389	0.011
		2	0.212	-0.354	7.148	0.028
		3	0.003	-0.078	7.148	0.067
		4	-0.112	-0.138	7.411	0.116
		5	0.263	0.233	9.068	0.106
		6	-0.350	-0.066	12.490	0.052
		7	0.220	-0.132	14.113	0.049
		8	-0.061	-0.066	14.272	0.075
		9	0.038	0.104	14.351	0.110
		10	0.058	0.036	14.636	0.146

图 7-8　西藏现行价格城镇中等收入人群人均可支配收入进行相关图和 BL 统计量

注：结合国家"十四五"规划，在最优模型下预测西藏 2020~2035 年的城乡中等人均收入。

资料来源：根据《西藏统计年鉴》（2007~2020）数据运用 SPSSAU 软件计算整理而得。

ARIMA 模型残差为白噪声，即残差不存在自相关性，可通过 BL 统计量和 Q 统计量检验进行白噪声检验（原假设：残差是白噪声）。经 SPSSAU 自动进行识别后，ACF 图和 PACF 图都显著拖尾，可进一步建立 ARIMA 模型。

运用 SPSSAU 软件，建模结果参数（见表 7-18），结合 AIC 信息准则（该值越低越好），SPSSAU 自动对多个潜在备选模型进行建模和对比选择，最终找出最优模型为：ARIMA（0，2，1）。Q6 用于判断检验残差前 6 阶自相关系数是否满足白噪声，通常其对应 P 值大于 0.1，则说明满足白噪声检验（反之则说明不是白噪声）。从 Q 统计量结果看，Q6 的 P 值大于 0.1，同时，从 1 阶至 10 阶的 BL 统计量相应的概率值均大于 0.01，均接受原假设，都表明模型的残差是白噪声，模型较好。

表 7-18　ARIMA（0，2，1）模型参数

项	符号	值
常数项	c	167.455
MA 参数	β1	−1
Q 统计量	Q6（P 值）	1.769（0.183）
	Q12（P 值）	5.943（0.430）
	Q18（P 值）	null（null）
	Q24（P 值）	null（null）
	Q30（P 值）	null（null）
信息准则	AIC	188.127
	BIC	189.582

资料来源：根据《西藏统计年鉴》（2007~2020）数据运用 SPSSAU 软件计算整理而得。

基于模型 ARIMA（0，2，1）的拟合结果如下：
$$Z_t = 167.455 - 1.000 \times \varepsilon_{t-1} \tag{7-15}$$
其中，模型拟合优度 R^2 为 0.996，非常接近 1，表明模型的拟合效果很好（龚承刚等，2014）。

2. Holt 双参数线性指数平滑法模型

在指数平滑模型中又存在了简单、Holt 线性趋势、Brown 线性趋势、阻尼趋势这 4 个模型。结果发现 Holt 双参数线性指数平滑法模型预测最小，建模结果如表 7-19 所示。

表 7-19　Brown 单一参数指数线性平滑法模型统计量

模型	预测变量数	模型拟合统计量								离散值数
		平稳的 R^2	R^2	RMSE	MAPE	MAE	MaxAPE	MaxAE	正态化 BIC	
Z_1	0	0.425	0.997	529.798	1.679	326.656	5.455	1368.096	12.922	0

资料来源：根据《西藏统计年鉴》（2007~2020）数据运用 SPSSAU 软件计算整理而得。

由表 7-19 中拟合优度 $R^2 = 0.997$ 可以看出（吴开俊等，2019），Holt 双参数线性指数平滑法建立西藏现行价格的城镇中等收入人群人均收入模型非常符合实际情况，并且所有数据中没有离群值（孤立点）。

3. 二次曲线模型

运用已知数据，建立多种曲线模型进行比较发现，二次曲线模型效果最佳，其模拟结果为：

$$Z = 356566554.5 - 356401.272t + 89.061t^2 \tag{7-16}$$

其中，二次曲线模型的拟合度 $R^2 = 0.999$，$F = 4656.898$，F 统计量多对应的 P 值为 0.000，由此可见，该模型的拟合效果较好（陶莎和胡志华，2014）。

4. 最优预测模型的选取

基于 MAPE 模型来衡量预测的精确度，由于 ARIMA 模型进行了 2 阶差分处理，故比较分析 2008~2019 年 3 种模型预测的 MAPE 的平均结果，如表 7-20 所示。

表 7-20　3 种模型对西藏现价城镇中等人群人均可支配收入（Z_1）预测结果

单位：元，%

年份	Z_1	ARIMA 模型		Brown 线性模型		二次曲线模型	
		拟合值	MAPE	拟合值	MAPE	拟合值	MAPE
2008	12042	12146	0.86	11877	1.37	11530	4.25
2009	13037	13870	6.39	13554	3.97	12886	1.16
2010	14623	14746	0.84	14512	0.76	14420	1.39
2011	15996	16460	2.90	15913	0.52	16132	0.85
2012	18075	17899	0.97	17347	4.03	18022	0.29
2013	19997	20166	0.85	19604	1.97	20091	0.47
2014	21694	22222	2.43	21896	0.93	22337	2.96
2015	25078	24012	4.25	23710	5.45	24762	1.26
2016	27338	27673	1.23	27286	0.19	27364	0.10

续表

年份	Z_1	ARIMA 模型		Brown 线性模型		二次曲线模型	
		拟合值	MAPE	拟合值	MAPE	拟合值	MAPE
2017	30126	30058	0.23	30104	0.07	30145	0.06
2018	32989	33011	0.07	32917	0.22	33104	0.35
2019	36455	36031	1.16	35803	1.79	36241	0.59
平均值	22288	22358	1.85	22044	1.77	22253	1.14

资料来源：根据《西藏统计年鉴》（2007~2020）数据运用 SPSSAU 软件计算整理而得。

表 7-20 表明了二次曲线模型预测的 MAPE 的平均值最小，为 1.14%（杨青和王晨蔚，2019）。因此，选择二次曲线型对西藏现行价格的城镇中等收入人群人均可支配收入进行预测，其结果如表 7-21 所示。

由表 7-21 可知，按世界银行 2020 年的划分标准①，高于 12535 美元则是高收入组别，按 2020 年的平均汇率折算后（1 美元 = 6.8974 元）②，2020~2030 年，西藏城镇中等收入人群人均收入处于中等偏上收入组别，在 2031 年以后，西藏城镇中等收入人群人均收入可达高收入组别。

表 7-21　二次曲线模型预测西藏现价城镇中等人群人均收入（Z_1） 单位：元

年份	Z_1	年份	Z_1
2020	39556	2028	72490
2021	43050	2029	77408
2022	46721	2030	82505
2023	50571	2031	87779
2024	54598	2032	93232
2025	58804	2033	98863
2026	63188	2034	104672
2027	67750	2035	110659

注：结合国家"十四五"规划，在最优模型下预测西藏 2020~2035 年的城乡中等人均收入。

资料来源：根据《西藏统计年鉴》（2007~2020）数据运用 SPSSAU 软件计算整理而得。

① 世界银行 2020 年最新的划分标准：人均国民年收入低于 1036 美元的低收入国家，处于 1036~4045 美元的为中低收入国家，处于 4046~12535 美元的为中高收入国家；高于 12535 美元的为高收入国家。

② 中华人民共和国商务部 2020 年人民币汇率保持基本稳定［EB/OL］.［2021-01-28］. http://www.mofcom.gov.cn/article/i/jyjl/e/202101/20210103034969.shtml.

（二）农村中等收入人群人均纯收入（Z_2）预测

1. ARIMA（p，d，q）模型

对西藏现行价格农村中等收入人群人均纯收入进行相关图和 BL 统计量，如图 7-9 所示。

自相关函数	偏自相关函数	延迟阶数	自相关系数	偏自相关系数	Box-L-jung 统计量	显著性
		1	−0.451	−0.451	3.111	0.078
		2	0.236	0.040	4.046	0.132
		3	−0.244	−0.155	5.158	0.161
		4	0.062	−0.137	5.239	0.264
		5	−0.268	−0.340	6.967	0.223
		6	0.323	0.084	9.884	0.130
		7	−0.167	0.022	10.826	0.146
		8	0.039	−0.205	10.890	0.208
		9	0.071	0.062	11.169	0.264
		10	−0.046	0.009	11.343	0.331

图 7-9　青海现行价格农村中等人群人均可支配收入进行相关图和 BL 统计量

资料来源：根据《西藏统计年鉴》（2007~2020）数据运用 SPSSAU 软件计算整理而得。

经 SPSSAU 自动进行识别后，ACF 图和 PACF 图都显著不截尾，最终建议 ARIMA 模型的自回归阶数 p 值为 0，移动平均阶数 q 值为 1。

ARIMA 模型结果参数（见表 7-22），结合 AIC 信息准则（该值越低越好），SPSSAU 自动对多个潜在备选模型进行建模和对比选择，最终找出最优模型为 ARIMA（0，2，1）。从 Q 统计量结果来看，Q6 的 P 值大于 0.1，同时，从 1 阶至 10 阶的 Box-L-jung 统计量相应的概率值均大于 0.01，均接受原假设，都表明模型残差不存在自相关性，模型较好。

表 7-22　ARIMA（0，2，1）模型参数

项	符号	值
常数项	c	73.082
MA 参数	β1	−1

项	符号	值
Q 统计量	Q6（P 值）	0.000（0.995）
	Q12（P 值）	10.159（0.118）
	Q18（P 值）	null（null）
	Q24（P 值）	null（null）
	Q30（P 值）	null（null）
信息准则	AIC	156.082
	BIC	157.537

资料来源：《西藏统计年鉴》（2007~2020），运用 SPSSAU 软件计算整理而得。

基于模型 ARIMA（0，2，1）的拟合结果如下：

$$Z_t = 73.082 - 1.000 \times \varepsilon_{t-1} \tag{7-17}$$

其中，模型拟合优度 R^2 为 0.996，非常接近 1，表明模型的拟合效果很好（龚承刚等，2014）。

2. 三次平滑法（Holt-Winters）模型

在各种指数平滑模型中，结果发现三次平滑法模型预测最小。针对初始值 S0，基于数据序列介于 10~20 个，SPSSAU 自动设置前 2 期数据的平均值作为初始值；经过 SPSSAU 自动识别，找出最佳的模型参数分别是初始值为 2666.500，alpha 值为 0.6（平滑系数 alpha 值介于 0~1），平滑类型为三次平滑，此时 RMSE 值为 203.480，即表明此预测模型较好（吴开俊等，2019）。

3. 二次曲线模型

运用已知数据，建立多种曲线模型进行比较发现，二次曲线模型效果最佳，其模拟结果为：

$$Z = 135208995.750 - 135104.145t + 33.75t^2 \tag{7-18}$$

其中，二次曲线模型的拟合度 $R^2 = 0.999$，$F = 5506.49$，F 统计量多对应的 P 值为 0.000，由此可见，该模型的拟合效果较好（陶莎和胡志华，2014）。

4. 最优预测模型的选取

基于 MAPE 模型来衡量预测的精确度，由于 ARIMA 模型进行了 2 阶差分处理，故比较分析 2008~2019 年 3 种模型预测的 MAPE 的平均结果，如表 7-23 所示。

表 7-23　3 种模型对西藏现价农村中等收入人群人均纯收入（Z_2）预测结果

单位：元，%

年份	Z_2	ARIMA 模型		Holt-Winters 模型		二次曲线模型	
		拟合值	MAPE	拟合值	MAPE	拟合值	MAPE
2008	3219	3267	1.49	3048	5.32	3210	0.27
2009	3577	3690	3.16	3661	2.35	3681	2.91
2010	4081	4081	0.00	4068	0.31	4219	3.39
2011	4860	4656	4.20	4665	4.02	4825	0.72
2012	5586	5547	0.70	5691	1.88	5498	1.57
2013	6398	6351	0.73	6478	1.25	6239	2.48
2014	7134	7241	1.50	7329	2.73	7047	1.21
2015	7903	8034	1.66	7996	1.18	7923	0.26
2016	8695	8860	1.90	8729	0.39	8866	1.97
2017	9843	9706	1.39	9518	3.30	9877	0.35
2018	10868	10938	0.64	10947	0.72	10956	0.81
2019	12228	12028	1.64	12023	1.68	12101	1.04
平均值	7033	7033	1.58	7013	2.09	7037	1.42

资料来源：根据《西藏统计年鉴》（2007~2020）数据运用 SPSSAU 软件计算整理而得。

表 7-23 表明了二次曲线模型预测的 MAPE 的平均值最小，为 0.94%（杨青和王晨蔚，2019）。因此，选择二次曲线模型对西藏现行价格的农村中等收入人群人均纯收入进行预测，其结果如表 7-24 所示。

表 7-24　二次曲线模型预测西藏现价农村中等人群人均纯收入（Z_2）

单位：元

年份	Z_2	年份	Z_2
2020	13315	2028	25451
2021	14595	2029	27272
2022	15944	2030	29160
2023	17359	2031	31116
2024	18843	2032	33139
2025	20394	2033	35230
2026	22012	2034	37388
2027	23698	2035	39614

注：结合国家"十四五"规划，在最优模型下预测西藏 2020~2035 年的城乡中等收入人群人均收入。

资料来源：根据《西藏统计年鉴》（2007~2020）数据运用 SPSSAU 软件计算整理而得。

由表 7-24 可知，按世界银行 2020 年的划分标准，高于 12535 美元则是高收入组别，按 2020 年的平均汇率折算后（1 美元 = 6.8974 元）①，2020～2029 年，西藏农村中等收入人群人均纯收入处于中等偏下收入组别，在 2030 年以后，西藏农村中等收入人群人均纯收入可达中等偏上收入组别。

二、不变价格下城乡中等收入居民增收预测

（一）城镇中等收入人群人均可支配收入（Z_3）预测

1. ARIMA（p，d，q）模型

对西藏不变价格城镇中等收入人群人均可支配收入进行相关图和 BL 统计量，如图 7-10 所示。

自相关函数	偏自相关函数	延迟阶数	自相关系数	偏自相关系数	Box-L-jung 统计量	显著性
		1	−0.200	−0.200	0.651	0.420
		2	0.211	0.178	1.440	0.487
		3	0.037	0.116	1.467	0.690
		4	−0.037	−0.053	1.497	0.827
		5	0.045	−0.002	1.547	0.908
		6	−0.418	−0.432	6.413	0.379
		7	0.075	−0.100	6.594	0.472
		8	−0.106	0.077	7.032	0.533
		9	−0.036	0.051	7.096	0.627
		10	−0.162	−0.217	8.809	0.550

图 7-10　西藏不变价格城镇中等收入人群人均可支配收入进行相关图和 BL 统计量

资料来源：根据《西藏统计年鉴》（2007～2020）数据运用 SPSSAU 软件计算整理而得。

经 SPSSAU 自动进行识别后，自相关函数 ACF 与偏自相关函数 PACF 均是拖尾的，可建立 ARIMA 模型。建模结果参数如表 7-25 所示。

---

① 中华人民共和国商务部. 2020 年人民币汇率保持基本稳定［EB/OL］.［2021-01-28］. http：//www. mofcom. gov. cn/article/i/jyjl/e/202101/20210103034969. shtml.

表7-25 ARIMA (1, 1, 0) 模型参数

项	符号	值
常数项	c	231.553
AR 参数	α1	−0.208
	Q6 (P 值)	0.006 (0.939)
	Q12 (P 值)	5.691 (0.459)
Q 统计量	Q18 (P 值)	8.873 (0.714)
	Q24 (P 值)	null (null)
	Q30 (P 值)	null (null)
信息准则	AIC	172.684
	BIC	174.379

资料来源：根据《西藏统计年鉴》（2007~2020）数据运用 SPSSAU 软件计算整理而得。

运用 SPSSAU 软件，结合 AIC 信息准则（该值越低越好），选取最优模型为 ARIMA (1, 1, 0)。Q6 用于判断检验残差前 6 阶自相关系数是否满足白噪声，通常其对应 P 值大于 0.1，则说明满足白噪声检验（反之则说明不是白噪声）。从 Q 统计量结果看，Q6 的 P 值大于 0.1，同时，从 1 阶至 10 阶的 BL 统计量相应的概率值均大于 0.01，均接受原假设，都表明模型的残差是白噪声，模型较好。

基于模型 ARIMA (1, 1, 0) 的拟合结果如下：

$$Z_t = 231.553 - 0.208 \times Z_{t-1} \tag{7-19}$$

其中，模型拟合优度 R^2 为 0.97，非常接近 1，表明模型的拟合效果很好（龚承刚等，2014）。

2. 三次平滑法（Holt-Winters）模型

在各种指数平滑模型中，结果发现三次平滑法（Holt-Winters）模型预测最小。针对初始值 S0，基于数据序列介于 10~20 个，SPSSAU 自动设置前 2 期数据的平均值作为初始值；经过 SPSSAU 自动识别，找出最佳的模型参数分别是初始值为 5241，alpha 值为 0.3（平滑系数 alpha 值介于 0~1），平滑类型为三次平滑，此时 RMSE 值为 171.426，即表明此预测模型较好（吴开俊等，2019）。

3. 二次曲线模型

运用已知数据，建立多种曲线模型进行比较发现，二次曲线模型效果最佳，其模拟结果为：

$$Z = 38634547.938 - 38607.101t + 9.646t^2 \tag{7-20}$$

其中，二次曲线模型的拟合度 $R^2 = 0.987$，$F = 419.029$，F 统计量多对应的 P 值为 0.000，由此可见，该模型的拟合效果较好（陶莎和胡志华，2014）。

4. 最优预测模型的选取

基于 MAPE 模型来衡量预测的精确度，由于 ARIMA 模型进行了 1 阶差分处理，故比较分析 2007～2019 年 3 种模型预测的 MAPE 的平均结果，如表 7-26 所示。

表 7-26　3 种模型对西藏不变价城镇中等人群人均纯收入（Z_3）预测结果

单位：元，%

年份	Z_3	ARIMA 模型		Holt-Winters 模型		二次曲线模型	
		拟合值	MAPE	拟合值	MAPE	拟合值	MAPE
2007	5369	5345	0.45	5126	4.53	5376	0.12
2008	5730	5595	2.36	5310	7.33	5498	4.05
2009	5657	5935	4.91	5716	1.04	5640	0.31
2010	5894	5952	0.98	5807	1.48	5800	1.59
2011	5948	6124	2.96	6028	1.35	5981	0.55
2012	6132	6217	1.39	6135	0.05	6180	0.78
2013	6342	6373	0.49	6305	0.58	6399	0.90
2014	6444	6578	2.08	6523	1.23	6637	2.99
2015	6990	6703	4.11	6660	4.72	6894	1.37
2016	7218	7156	0.86	7157	0.84	7171	0.65
2017	7471	7450	0.28	7513	0.57	7467	0.05
2018	7749	7698	0.66	7814	0.84	7782	0.43
2019	8158	7971	2.29	8105	0.65	8117	0.51
平均值	6546	6546	1.83	6477	1.94	6534	1.10

资料来源：根据《西藏统计年鉴》（2007～2020）数据运用 SPSSAU 软件计算整理而得。

表 7-26 表明了二次曲线模型预测的 MAPE 的平均值最小，为 1.99%（杨青和王晨蔚，2019）。因此，选择二次曲线模型对西藏不变价格的城镇中等收入人群人均纯收入进行预测，其结果如表 7-27 所示。

表7-27 二次曲线模型预测西藏不变价城镇中等收入人群人均纯收入（Z_3）

单位：元

年份	Z_3	年份	Z_3
2020	8470	2028	11995
2021	8844	2029	12523
2022	9236	2030	13070
2023	9648	2031	13636
2024	10079	2032	14221
2025	10529	2033	14826
2026	10998	2034	15450
2027	11487	2035	16093

注：结合国家"十四五"规划，在最优模型下预测西藏2020~2035年的城乡中等人均收入。

资料来源：根据《西藏统计年鉴》（2007~2020）数据运用SPSSAU软件计算整理而得。

（二）农村中等收入人群人均纯收入（Z_4）预测

1. ARIMA（p，d，q）模型

对西藏不变价格农村中等人均纯收入进行相关图和BL统计量（见图7-11）。

自相关函数	偏自相关函数	延迟阶数	自相关系数	偏自相关系数	Box-L-jung统计量	显著性
		1	0.059	0.059	0.057	0.812
		2	0.186	0.183	0.667	0.716
		3	−0.223	−0.252	1.635	0.651
		4	−0.089	−0.099	1.807	0.771
		5	−0.034	−0.079	1.835	0.871
		6	0.255	0.265	3.648	0.724
		7	−0.067	−0.185	3.792	0.803
		8	0.061	0.054	3.936	0.863
		9	−0.218	−0.059	6.247	0.715
		10	−0.286	−0.302	11.557	0.316

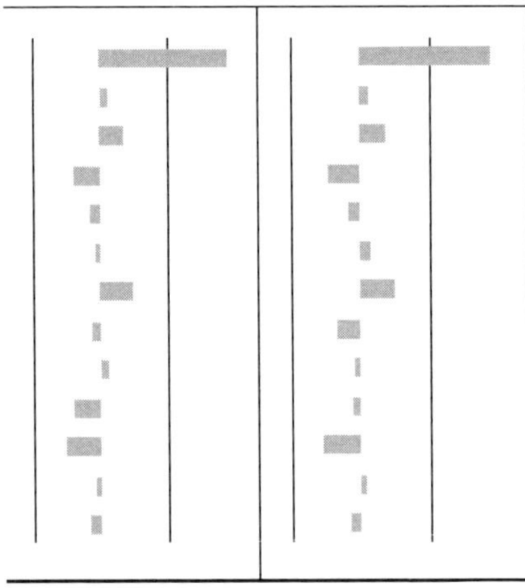

图7-11 西藏不变价格农村中等人群人均纯收入进行相关图和BL统计量

资料来源：根据《西藏统计年鉴》（2007~2020）数据运用SPSSAU软件计算整理而得。

经 SPSSAU 自动进行识别后，自相关函数 ACF 与偏自相关函数 PACF 均是拖尾的，可建立 ARMA 模型（见表 7-28）。结合 AIC 信息准则（该值越低越好），选取最优模型为 ARIMA（1，1，0）。Q6 用于判断检验残差前 6 阶自相关系数是否满足白噪声，通常其对应 P 值大于 0.1，则说明满足白噪声检验（反之则说明不是白噪声）。从 Q 统计量结果看，Q6 的 P 值大于 0.1，同时，从 1 阶至 10 阶的 BL 统计量相应的概率值均大于 0.01，均接受原假设，都表明模型的残差是白噪声，模型较好。

表 7-28　ARIMA（1，1，0）模型参数

项	符号	值
常数项	c	88.804
AR 参数	α1	0.081
Q 统计量	Q6（P 值）	0.002（0.965）
	Q12（P 值）	3.565（0.735）
	Q18（P 值）	12.872（0.378）
	Q24（P 值）	null（null）
	Q30（P 值）	null（null）
信息准则	AIC	136.894
	BIC	138.589

资料来源：根据《西藏统计年鉴》（2007~2020）数据运用 SPSSAU 软件计算整理而得。

基于模型 ARIMA（1，1，0）的拟合结果如下：

$$Z_t = 88.804 + 0.081 \times Z_{t-1} \tag{7-21}$$

其中，模型拟合优度 R^2 为 0.987，非常接近 1，表明模型的拟合效果很好（龚承刚等，2014）。

2. 二次指数平滑法模型

在各种指数平滑模型中，结果发现二次指数平滑法预测最小。针对初始值 S0，基于数据序列介于 10~20 个，SPSSAU 自动设置前 2 期数据的平均值作为初始值；经过 SPSSAU 自动识别，找出最佳的模型参数分别是初始值为 1780.5，alpha 值为 0.7（平滑系数 alpha 值介于 0~1），平滑类型为二次平滑，此时 RMSE 值为 46.916，即表明此预测模型较好（吴开俊等，2019）。

3. 二次曲线模型

运用已知数据，建立多种曲线模型进行比较发现，二次曲线模型效果最佳，

其模拟结果为：

$$Z = 9346500.969 - 9371.616t + 2.35t^2 \qquad (7-22)$$

其中，二次曲线模型的拟合度 $R^2 = 0.995$，$F = 1136.692$，F 统计量多对应的 P 值为 0.000，由此可见，该模型的拟合效果较好（陶莎和胡志华，2014）。

4. 最优预测模型的选取

基于 MAPE 模型来衡量预测的精确度，由于 ARIMA 模型进行了 1 阶差分处理，故比较分析 2007~2019 年 3 种模型预测的 MAPE 的平均结果，如表 7-29 所示。

表 7-29　3 种模型对西藏不变价农村中等人群人均收入（Z_4）预测结果

单位：元，%

年份	Z_4	ARIMA 模型		二次指数平滑法		二次曲线模型	
		拟合值	MAPE	拟合值	MAPE	拟合值	MAPE
2007	1813	1837	1.32	1735	4.30	1812	0.04
2008	1892	1900	0.42	1828	3.37	1874	0.95
2009	1928	1980	2.70	1940	0.61	1941	0.66
2010	1974	2013	1.98	1977	0.14	2012	1.92
2011	2111	2059	2.46	2021	4.28	2088	1.09
2012	2191	2204	0.59	2194	0.12	2169	1.02
2013	2296	2279	0.74	2281	0.67	2254	1.83
2014	2343	2386	1.84	2392	2.07	2344	0.04
2015	2415	2428	0.54	2421	0.23	2439	0.98
2016	2501	2502	0.04	2486	0.60	2538	1.49
2017	2640	2590	1.89	2577	2.37	2642	0.09
2018	2735	2733	0.07	2743	0.29	2751	0.59
2019	2898	2824	2.55	2840	1.99	2865	1.15
平均值	2287	2287	1.32	2264	1.62	2287	0.91

资料来源：根据《西藏统计年鉴》（2007~2020）数据运用 SPSSAU 软件计算整理而得。

表 7-29 表明了二次曲线模型预测的 MAPE 的平均值最小，为 0.99%（杨青和王晨蔚，2019）。因此，选择二次曲线模型对西藏不变价格的农村中等收入人群人均纯收入进行预测，其结果如表 7-30 所示。

表 7-30 二次曲线模型预测西藏不变价农村中等收入人群人均纯收入（Z_4）

单位：元

年份	Z_4	年份	Z_4
2020	2983	2028	4098
2021	3106	2029	4259
2022	3234	2030	4424
2023	3366	2031	4594
2024	3503	2032	4769
2025	3645	2033	4948
2026	3791	2034	5132
2027	3942	2035	5321

注：结合国家"十四五"规划，在最优模型下预测西藏2020~2035年的城乡中等人均收入。

资料来源：根据《西藏统计年鉴》（2007~2020）数据运用 SPSSAU 软件计算整理而得。

三、两种价格下西藏城乡中等收入人群人均收入及收入差距预测值比较分析

图 7-12 展示了不同价格下的 2006~2019 年西藏城镇中等收入人群人均可支配收入实际值与预测值的变化趋势。

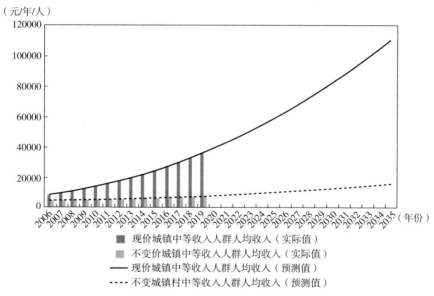

图 7-12 西藏不同价格城镇中等收入人群人均可支配收入实际值与预测值的比较分析

注：结合国家"十四五"规划，在最优模型下预测西藏2020~2035年的城乡中等人均收入。

资料来源：根据《西藏统计年鉴》（2007~2020）数据运用 SPSSAU 软件计算整理而得。

整体来看，在现价之下的 2006~2019 年西藏城镇中等收入人群人均可支配收入预测值呈逐年上升趋势。经可比价换算后，其增长趋势较为平缓。在最佳模型估算的预测值与实际值差距很小，模型拟合效果较好。西藏现价和不变价城镇中等收入人群人均可支配收入的预测值在 2035 年将分别达到 110659 元和 16093元，比较分析后发现不变价预测结果更为科学合理。

图 7-13 展示了不同价格下的 2000~2019 年西藏农村中等收入人群人均纯收入实际值与预测值的变化趋势。

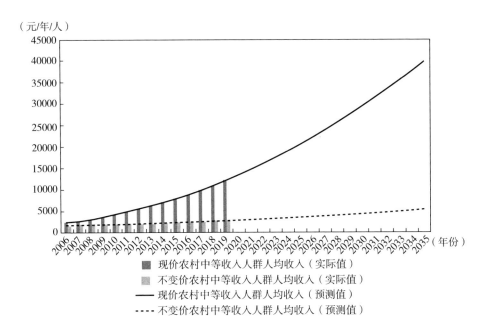

图 7-13 西藏不同价格农村中等收入人群人均纯收入实际值与预测值的比较分析

注：结合国家"十四五"规划，在最优模型下预测西藏 2020~2035 年的城乡中等收入人群人均收入。

资料来源：根据《西藏统计年鉴》（2007~2020）数据运用 SPSSAU 软件计算整理而得。

整体来看，在现价之下的 2000~2019 年西藏农村中等收入人群人均纯收入预测值不断向上攀升。经可比价换算后，其增长趋势较为缓慢。在最佳模型估算的预测值与实际值差距很小，模型拟合效果较好。西藏现价和不变价农村中等收入人群人均纯收入的预测值在 2035 年将分别达到 39614 元和 5321 元，比较分析后发现不变价预测结果更符合西藏实际情况。

图 7-14 展示了不同价格下的 2000~2019 年西藏农村中等收入人群人均纯收入差距的变化趋势。

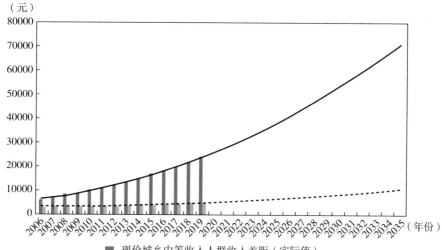

图7-14　西藏不同价格城乡中等人群人均收入差距实际值与预测值的比较分析

注：结合国家"十四五"规划，在最优模型下预测西藏2020~2035年的城乡中等人均收入。

资料来源：根据《西藏统计年鉴》（2007~2020）数据运用 SPSSAU 软件计算整理而得。

　　整体来看，在现价之下的2000~2019年西藏城乡中等收入人群人均收入差距预测值呈逐年上升趋势。经可比价换算后，其增长趋势较为缓慢。在最佳模型估算的预测值与实际值差距很小，模型拟合效果较好。西藏现价和不变价城乡中等收入人群人均收入差距的预测值在2035年将分别达到71045元和10772元，比较分析后发现不变价预测结果更为科学合理。

第五节　研究发现与启示

　　综合借鉴以往学者的做法，选用 ARIMA 模型、指数平滑法、二次曲线估计模型进行收入预测，基于预测精度方法从三种模型中选择出最优预测模型，将价格因素纳入研究，结合国家"十四五"规划，比较分析不同价格下2020~2035年青藏地区的中等收入人群人均收入的演变特征，同时，参照世界银行2020年最新的划分标准，揭示青藏地区中等收入人群的未来发展水平。基于上述分析，归纳出以下研究发现和启示：

一、研究发现

在现价下，2020~2035 年青藏地区城乡和农村中等收入人群人均收入预测值呈"指数"型增长。2035 年青海省城乡中等收入人群人均可支配收入预测值为97553 元，农村中等收入人群人均纯收入预测值为 35211 元，收入差距预测值为62342 元。预测 2035 年西藏城乡中等收入人群人均可支配收入预测值为 110659元，农村中等人均纯收入预测值为 39614 元，收入差距预测值为 71045 元。按世界银行 2020 年的划分标准，高于 12535 美元则是高收入组别，按 2020 年的平均汇率折算后（1 美元＝6.8974 元)[①]，2033 年青海城乡中等人均可支配收入可达高收入组别，2031 年西藏城乡中等人均可支配收入可达高收入组别。青藏地区农村中等人均纯收入逐渐向中等偏上组别过渡。

在不变价下，2020~2035 年青藏地区城乡和农村中等人均收入预测值的增长趋势明显缓慢。2035 年青海省城乡中等人均收入预测值为 10697 元，农村中等人均收入预测值为 4168 元，收入差距预测值为 6530 元。预测 2035 年西藏城乡中等人均收入预测值为 16093 元，农村中等人均收入预测值为 5321 元，收入差距预测值为 10772 元。剔除了物价上涨的因素后，预测结果更为科学合理。

二、启示

研究发现，按照现价预测青藏地区城乡中等收入人群人均收入及收入差距在2020~2035 年将呈"指数"型增长，增长速度较快，且青藏地区城乡中等收入人群人均可支配收入远大于农村中等收入人群人均纯收入；以不变价对 2020~2035年青藏地区城乡中等收入人群人均收入及收入差距进行预测，其增长趋势较为平缓，扩大速度缓慢，纳入价格因素后，中等收入人群人均收入的未来趋势差距较大。由此可知，不变价格青藏地区城乡中等收入居民的收入及收入差距预测更符合青藏地区的实际情况，其原因在于，不变价城乡中等收入居民人均收入剔除了物价上涨的因素，这一结论可以为未来青藏地区中等收入人群增收战略和政策制定提供更具可操作性的参考建议。

---

① 中华人民共和国商务部．2020 年人民币汇率保持基本稳定［EB/OL］．［2021-01-28］．http：// www. mofcom. gov. cn/article/i/jyjl/e/202101/20210103034969. shtml.

第八章　促进青藏地区中等收入人群收入增长的思路与路径

进入 21 世纪，人们对美好生活的需要越来越强烈，而满足这一需要的经济基础就是着力提高居民收入，尤其要提高中等收入人群的收入，让中国经济发展过程中的不平衡、不充分问题能够得以逐渐解决。"十四五"规划强调：到 2035 年，中等收入群体规模显著扩大。根据国家统计局数据，中等收入群体目前有 4 亿人。"显著扩大"的数值目标是什么？一般观点认为：到 2035 年实现中等收入群体规模翻番，需要由目前的 4 亿人扩大到 8 亿人，才能达到中等发达国家水平。如何才能达到这一目标？路径主要有两个方面：一方面让低收入群体通过增收途径转化为中等收入群体；另一方面巩固好现有的中等收入群体规模不下降（李毅等，2021）。青藏地区如何同步实现这一目标？青藏地区深处中国西部，人口稀少，自然环境恶劣，容易落入中等收入陷阱。鉴于此，我们提出青藏地区应该建立健全特色产业体系，探索出有青藏地区特色的中等收入人群增收路径，帮助青藏地区克服区位、环境等不利因素，促进当地经济持续发展，助力中等收入人群可持续增收。

第一节　青藏地区中等收入人群收入增长思路

近年来，青藏地区各级政府高度重视人民增收问题，提出了一系列关于促进中等收入人群增收的建议与举措。本章围绕青海、西藏两地中等收入人群的增收方向，依托青海与西藏两地成功的增收和脱贫经验，借鉴可取、可用的促进中等收入人群增收方法，提出为促进青藏地区中等收入人群增收的具体方向。

一、青藏地区中等收入人群收入增长方向

深入学习贯彻习近平总书记系列重要讲话，特别是视察青海、西藏时的重要讲话精神，深化收入分配制度改革，强化收入分配政策激励导向，营造好环境，创造好条件，提供好支撑，分群体施策，不断激发全体劳动者的积极性、主动性、创造性，实现经济增长与居民增收互促共进。持续推动大众创业万众创新，创造更多就业岗位，培育和扩大中等收入群体，逐步形成合理有序的收入分配格局，带动城乡居民实现总体增收。为促进青藏地区中等收入人群收入增长，要充分发挥农牧民专业合作经济组织和能人示范作用，带动农牧民增收；要积极推进城镇化改革，统筹规划、合理布局，保证中等收入群体比重持续上升；要限制高收入群体，发挥好个人所得税等相关税收政策的调节作用；同时，通过第三次分配方式缩小高低收入者收入差距，实现共同富裕目的。

按照"十四五"规划，中等收入人群增收的方向主要有：一是确保现有中等收入人群持续增收。二是脱离绝对贫困后的群体从低收入到中等收入的增收过程，这个过程需要培育。要解决相对贫困、乡村振兴等促进绝对贫困摆脱以后的人群走进中等收入群体。三是在城市中的务工人群增收，这些人有望成为中等收入人群。很多人的收入已经成为中等收入人群，但是社会保障等还不够，还有一些不稳定的因素。如果这些问题能够得到有效解决，其中相当多的人就能变成中等收入人群（李毅等，2021）。

（一）挖掘农村低收入人群增收潜力使其部分有能力的人进入中等收入人群

深入推进农牧业供给侧结构性改革，增加绿色优质农畜产品有效供给。大力发展现代生态农牧业，做强做优特色产业，支持"能人"返乡创业，发展"能人经济"，促进农牧区一二三产业融合发展向农业"六次产业融合"发展，实现现代农业的文化、疗养、艺术、生态保养与平衡等功能，推动农牧业产业链改造升级。推动农牧产品加工业转型升级，创建一批农牧产品加工示范园区和农村（牧区）产业融合试点示范县，带动农牧民就业致富，实现共同富裕。鼓励农牧民采用节本增效技术，支持农牧业废弃物资源化利用，降低农牧业生产成本。用好农畜产品初加工补助政策，延长农牧业产业链条。扶持发展一乡（县）一业、一村一品，通过"能人"引导产业集聚发展。实施"互联网+"现代农牧业，大力发展农牧业电子商务，扩大农畜产品线上交易份额，探索农牧业新型业态。发展休闲农牧业、乡村旅游等新产业新业态，鼓励农牧民共享增值收益，让"能人"带动群众持续增收，使其部分群众进入中等收入人群。

（二）扩大城乡中等收入人群比重

习近平总书记在中央财经领导小组第十三次会议强调，"扩大中等收入群体，关系全面建成小康社会目标的实现，是转方式调结构的必然要求，是维护社会和谐稳定、国家长治久安的必然要求"（王一鸣，2016）。有效扩大中等收入群体的关键环节有四个，即制度、增量、分配和安全。具体如下：①要使共享的理念具体化为相应的制度安排。重要的是，共享理念不能只是停留在理念层面，而是应当落实为具体化的制度及政策安排。②要大力拓宽民众收入及财富的增量渠道。只有不断拓宽民众的收入及财富的增量渠道，方能持续有效地扩大中等收入群体。③要公正分配国民收入及财富。对不断增长的国民收入及财富，必须进行公正分配。④要保障民众的财富安全。为确保中等收入群体持续、稳定的扩大，民众的财富安全必须得到有效的保证。否则，中等收入群体难免会呈现出一种不确定性的发展前景。

中等收入人群扩大的保障条件有两条（李毅等，2021）：

（1）保持经济可持续健康稳定发展是实现中等收入群体规模翻番的经济基础。经济稳定增长是人们收入稳定增长的基础，人们收入的稳定增长，可以促进中等收入群体的持续扩大。中等收入群体是一个国家经济的中坚力量，其拉动消费的潜力巨大。这是我国经济持续健康稳定发展的迫切现实需要。在构建这个良性互动的循环过程中，既需要国家政策的支持，也需要个人的努力。经测算，到2035年，青藏地区经济增长速度只需要保持在5%左右，每年中等收入人口增加2%左右，即约19万人，到2035年青藏地区就可以实现中等收入群体翻倍的目标。要实现这一目标，就需要保持宏观政策连续性稳定性可持续性，政策不"急转弯"。尤其是面对当前国际环境复杂严峻，增加了新的不确定性，国内经济恢复也不平衡。因此，在分析经济形势时要全面客观，确保经济运行在合理区间，推动高质量发展。中等收入群体的扩大是今后相当长时间中国经济增长最重要的潜能所在。因此，要加快构建双循环新发展格局，加快以都市圈、城市群为主体的城镇化，加快发展现代产业体系，坚持创新驱动发展，确保经济发展有足够动力，实现持续增加中等收入群体收入的目的，确保这一群体人数到2035年实现倍增。

（2）高质量就业是实现中等收入群体规模翻番的关键。根据国家统计局的数据，我国居民可支配收入中56%来自工资性收入，17%来自经营性收入，经营性收入很大的比重也属于劳动收入。有就业就有收入，有高质量就业就有高收入。高质量就业不仅直接反映经济高质量水平，而且对社会安定和谐有着至关重要的影响。到 2035 年后，我国经济已经全面转向高质量发展阶段，创新将成为我国经济发展的根本动力，为社会提供更多更优质的工作岗位，高质量的就业群体将成为中等收入群体的主力军。如何实现高质量就业？党的十九届五中全会提出"增强职业技术教育适应性，深化职普融通、产教融合、校企合作"，为高校教学改革指明了方向：一方面，要提高普通高等院校人才培养质量，重点是改革专业和课程设置，改变教学方式和教学内容，在夯实专业理论教学的基础上，加强对学生知识应用和创新能力的培养；另一方面，深入开展职业技能教育和培训，以高质量就业为导向，规划好支撑条件和实施步骤。2020 年《求是》杂志发表了中共中央总书记、国家主席、中央军委主席习近平题为《国家中长期经济社会发展战略若干重大问题》的重要文章，其中强调：要使更多普通劳动者通过自身努力进入中等收入群体。因此，在推动更高质量就业的发展过程中，各级政府除了应鼓励劳动者主动参与职业教育和技能培训外，还应积极构建企业和各职业院校及培训机构的交流沟通平台，以实现职业技能培训与市场需求良好对接，加快构建劳动者终身职业培训体系，提升劳动者的职业技能水平。

因此，青藏地区要实现中等收入人群增收和扩大中等收入人群的双重目标，需要解放和发展生产力，最根本的是要深化改革，推动经济发展从要素驱动转向创新驱动，培育发展新动力，提高全要素生产率，为中等收入人群增收和扩大比重提供制度保障：一是加快教育制度改革，加大人力资本投资；二是加快户籍制度改革，促进社会流动；三是加快科技体制改革，建立新的激励机制，提高科研人员收入；四是加快土地制度改革，提高农民财产性收益（王一鸣，2016）；五是加快职业技能教育和培训，以高质量就业为导向，将职业技能培训与市场需求良好对接，构建劳动者终身职业培训体系，提升劳动者的职业技能水平，为可持续增收保驾护航！

（三）调节城市高收入人群收入

要加强对青藏地区高收入人群的规范和调节，依法保护合法收入，合理调节过高收入，鼓励高收入人群和企业更多回报社会。要清理、规范不合理收入，整顿收入分配秩序，坚决取缔非法收入。要保护产权，尤其是知识产权，保护合法致富，促进各类资本规范健康发展。一是探索税收制度改革，直接税更有利于缩小收入差距，更加注重对低收入者的保护，完善专项附加扣除政策。二是限制不合理收入，继续完善国有企业高管"限薪"制度，健全薪酬分配制度，要限制公权力对经济的干预，消除灰色收入来源。三是建立健全回报社会的激励机制。青藏地区高收入者如能通过慈善回报社会，有利于缩小青藏地区之间收入差距和社会和谐稳定。创造更加有利于慈善事业发展的宽松环境，引导和激励更多的高收入人群成为慈善事业的主体力量，从而更好地发挥第三次分配对于改善收入分配的作用。

二、青藏地区中等收入人群收入增长的基础

（一）青海省中等收入人群收入增长的基础

2021年6月习近平总书记在青海视察时提出，推动高质量发展，要善于抓最具特色的产业、最具活力的企业，以特色产业培育优质企业，以企业发展带动产业提升。要立足高原特有资源禀赋，积极培育新兴产业，加快建设世界级盐湖产业基地，打造国家清洁能源产业高地、国际生态旅游目的地、绿色有机农畜产品输出地，即"四地"建设。据此，本章将盐湖产业、清洁能源产业、生态旅游产业、绿色有机农畜业作为青藏地区中等收入人群增收的产业基础进行探讨。

1. 建设世界级盐湖产业基地

全面提高盐湖资源综合利用效率，着力建设现代化盐湖产业体系，打造具有国际影响力的产业集群和无机盐化工产业基地。加快发展锂盐产业，提升碳酸锂生产规模和产品档次，发展锂电材料、高纯度金属锂等系列产品。稳步发展钾产业链，延伸发展化工基本原料下游产品，提升钾肥产业，开发高效、环保钾肥新品种。打造国家"两碱"工业基地，优化钠资源利用产业链条，开发碱系列下游产品。做大镁产业，推进高纯镁砂、氢氧化镁精深加工，推进金属镁一体化等项目，发展镁基系列产品，建设镁质建材原料生产基地。加大盐湖提硼力度，拓展开发硼系材料及新产品，推进硼化工产业发展中心建设。注重盐湖稀散元素开发，培育硫、锶化工产业。开发食品级和医药级氯化钾、氧化镁等耗氯产品产业链。布局氯平衡能源化工产业。

2. 建设国家清洁能源产业高地①

开展绿色能源革命，发展光伏、风电、光热、地热等新能源，打造具有规模优势、效率优势、市场优势的重要支柱产业，建成国家重要的新型能源产业基地。加快发展新能源制造产业，扩大切片及电池、太阳能光伏玻璃等产品规模，加快高效电池项目建设，提高电池转化效能，延伸发展下游逆变器、组件测试等

---

① 为深入贯彻习近平总书记关于青海"打造国家清洁能源产业高地"的重要指示精神，细化落实青海省政府、国家能源局《关于印发青海打造国家清洁能源产业高地行动方案（2021—2030年）的通知》，青海省人民政府印发了《青海打造国家清洁能源产业高地2022年工作要点》，明确了2022年工作目标和任务。

光伏发电系统集成产品，培育产业集群。加快储能产业发展，支持建设氢能储能、空气储能、光热熔盐、锂储能产业，实现调峰调频调相技术合成和源网荷储一体化发展；加强锂系细分领域产业布局，构建从资源—初级产品碳酸锂—锂电材料—电芯—电池应用产品的全产业链及废旧锂电池回收利用基地，提升锂电产业品牌影响力和国际市场份额。加快实现风机整机省内制造，建设集制造、测试、售后服务于一体的高端风电装备制造和服务产业链。

3. 打造国际生态旅游目的地

深入落实全域旅游发展生态旅游发展布局。提升打造高原湖泊、盐湖风光、草原花海、雅丹地貌、冰川雪山等一批国家级生态旅游目的地，开辟自然生态、民族风情、文博场馆、丝路文化、健体康养、观光探险、源头科考等一批生态旅游精品线路，增创 5A 级景区 5 家，推动大区域、大流域旅游联动发展。统筹"通道+景区+城镇+营地"全域旅游要素建设，推进景观典型区域风景道建设。促进"旅游+"融合发展，开发温泉疗养、文化体验、体育健身、低空旅游等高附加值特色旅游产品，鼓励和扶持全季、全时旅游项目，重点推出一批冰雪、徒步等旅游产品和民俗、节庆活动，建设国民自然教育基地。完善生态旅游配套体系，加快重点生态旅游目的地到中心城市、交通枢纽、交通要道的支线公路及重点生态旅游目的地之间的专线公路建设。支持区域性旅游应急救援基地、游客集散中心和集散点建设，推进生态旅游宣教中心、生态停车场、生态厕所、生态绿道等配套设施建设，创建国家级自驾车旅游示范营地。到 2025 年，全省接待游客达到 7300 万人次，旅游总收入达到 800 亿元。

4. 打造绿色有机农畜产品输出地

坚持质量兴农、绿色兴农、品牌强农，建成全国知名的绿色有机农畜产品示范省。优化农牧业发展布局，发展牦牛、藏羊、青稞、油菜、马铃薯、枸杞、沙棘、藜麦、冷水鱼、蜂产品、食用菌等特色优势产业，提升生猪生产能力。加强农畜产品功能区和国家级特色农产品优势区建设，创建全国绿色食品原料标准化生产基地和富硒农业种植基地。增强龙头企业对产业链上下游的带动作用，提高产业集中度、科技支撑能力和全产业链发展水平，实现农畜产品加工转化增值、优质优价。发展现代种业，推进旱作农业育种、青稞、小油菜、马铃薯等制种基地建设，发展高标准农田，切实提高粮食安全保障能力。发展循环农牧业、观光农牧业、定制农牧业等新业态。实施青藏高原原产地品牌培育计划，推动区域公用品牌建设，到 2025 年累计认证农产品 1000 个以上。探索利用荒漠化土地发展现代滴灌农业。

（二）西藏自治区中等收入人群收入增长的基础

近年来，西藏以生态保护为前提，将旅游文化与高原生物、绿色工业、清洁能源、现代服务、高新数字、边贸物流，同列为"七大产业"大力推进。"十三五"期间，西藏产业建设驶入快车道，七大产业实现增加值超 1900 亿元，发展效益逐步显现。

1. 旅游文化

以旅游业为代表的第三产业已成为拉动西藏经济发展的重要引擎。在取得脱贫攻坚全面胜利的过程中，通过创新升级"藏文化体验游"，打造"最美 318 线"，推出"冬游西藏"等，西藏旅游业获得重点发展。"十三五"期间，西藏累计接待国内外游客 15763.26 万人次，完成旅游收入 2125.96 亿元，是"十二五"同期的 2.3 倍和 2.4 倍。"十三五"期间，西藏旅游经济效益更加明显，产业社会效益日益突出。西藏组织全区近 300 家旅游企业开展结对帮扶，打造具备旅游接待能力的乡村旅游点 300 余个，家庭旅馆达到 2377 家。2016～2020 年，通过直接或间接的方式，旅游产业带动 2.15 万户、7.5 万建档立卡贫困人口实现脱贫，圆满完成旅游带动 7.2 万贫困人口脱贫目标。[①]

2. 高原生物

为深入贯彻落实西藏自治区党委、政府关于大力发展高原生物产业决策部署，加快转变农牧业发展方式，打造高原特色生物产业基地，提升高原特色生物产业科技支撑能力，西藏自治区科技厅围绕青稞增产、牦牛育肥、饲草增收等农牧业发展重大课题，加强农牧业、特色优势产业技术创新，组织实施青稞种质创新、家畜选育与健康养殖、牧草种质改良与利用、特色农产品加工技术与产品开发等重大科技专项，加强新品种培育、良种选繁、人工种草、畜禽规模化高效养殖等科技攻关，着力为产业发展提供良种、良法和产业配套技术支撑。

3. 绿色工业

近年来，西藏自治区在做好生态保护的同时，为了改善民生适度发展工业，满足高原居民对美好生活的需求。2020 年，西藏自治区工业总产值达 331.15 亿元，较 1956 年增长 4023.3 倍，年均增长 13.8%。在生态保护意识日益增强的西藏，百姓增收致富更多依靠生态经济、绿色经济、绿色产业的发展。2017 年，位于羌塘草原腹地的那曲市色尼区冉冉升起了一颗新星：西藏嘎尔德生态畜牧产

---

① 西藏"十三五"接待游客近 1.6 亿人次 [EB/OL]．[2021-05-06]．http：//jx.people.com.cn/n2/2021/0506/c186330-34710062.html．

业发展有限公司。公司配备了专业冷库和冷链物流，建成了全自动化灭菌乳和发酵乳生产线，收购周边牧民牛奶作为原料，如今已组建起有 100 个奶源基地、3200 余户牧民参与的全产业链，带动了 16256 人就业，收购牛奶及肥料兑现资金 2044.96 万元，帮助一部分原建档立卡贫困群众成功实现脱贫，走上致富之路，部分"能人"加入中等收入人群队伍。

4. 清洁能源

西藏清洁能源专家工作站和清洁能源创新发展中心于 2020 年 5 月正式成立，这是西藏自治区打造省域低碳电力系统的一项重要举措，标志着西藏建立起清洁能源领域的创新发展研究平台。此举是国家电网公司"碳达峰、碳中和"行动方案在青藏高原落地的重要内容。在西藏自治区政府的主导下，西藏清洁能源专家工作站由西藏自治区发展改革委运营管理，清洁能源创新发展中心由国网西藏电力有限公司牵头运营，将通过"政、产、学、研、用"紧密结合的方式，充分发挥行业引领作用，吸引产业相关方及创新资源集聚，增强自主创新能力，积极推动西藏清洁能源领域技术创新和成果转化，引领区域产业实现快速发展（胡西武等，2021）。西藏是国家重要的清洁能源接续基地，以水、风、光为主的清洁能源资源禀赋突出，开发潜力超过 10 亿千瓦。开展清洁能源领域创新发展研究，与西藏清洁能源资源优势、科技创新建设需求、现代产业体系部署及全区经济社会发展战略深度契合，具有示范引领意义。

5. 现代服务业

近年来，西藏通过积极发展新兴消费业态、完善覆盖城乡的商务服务体系，做优做强核心商务圈等举措，加快了区域商贸中心建设步伐，切实提高了对拉萨周边的辐射带动能力。作为拉萨市重点招商项目，红星美凯龙拉萨顿珠商场项目总投资约 6 亿元，建筑面积约 6.2 万平方米，有 720 余个多功能停车位，将为拉萨市及周边家居消费者提供一站式服务和一站式购物体验。红星美凯龙将为拉萨消费者提供最前沿的家居生活理念和最有价值的家居购物体验。红星美凯龙拉萨顿珠商场解决了 550 余个就业岗位，其中拉萨籍 300 余人。对拉萨年轻人的就业观和择业观的转变将起到促进作用，他们秉持着低门槛、高培训的模式，为广大就业者提供了良好的就业环境。

6. 高新数字业

2020 年上半年西藏全区数字经济规模达 171.3 亿元，同比增长约 22.3%。在数字经济规模不断壮大的同时，西藏 23 个产业数字化项目陆续启动或开工，推动了教育、政务、旅游等 4 个大数据应用示范，5G+医疗、5G+社区 2 个行业应用示范。截至 2020 年,西藏建成 5G 基站 997 个。全区 90 家公立医院实现信息化全覆盖,341 所中小学实现智慧校园覆盖。西藏不断推进数字治理,目前已建成运行"互联网+政务服务"平台,自治区、拉萨市、城关区"三级"政务服务大厅设置 172 个窗口已面向市民开放。智慧教育、智慧医疗、智慧城市的建设也在有序推进。上半年,西藏数字产业化加快发展。全区近 300 家软件和信息技术服务企业实现主营业务收入约 31 亿元。2020 年下半年,西藏数字经济规模达到 165 亿元,落实重点信息化投资 18 亿元,培育 6 家 5G 和大数据应用示范企业、10 家以上产业数字化示范企业,再建成 1000 个以上 5G 基站,县级以上医院"互联网+医疗健康"覆盖率达 100%。高新数字产业就业人数达到 1.2 万人。

7. 边贸物流业

西藏坚持屯兵和安民并举、固边和兴边并重,充分考虑各方需要,以满足边境一线群众生产生活需求为切入点和突破点,给予边境地区现代商贸流通业发展资金、项目、政策倾斜。管好用好中小企业发展专项资金,采取奖补等措施,支持边贸物流产业市场主体发展,推动建设内外贸一体化的特色商贸市场、商品交易中心,完善畅通边境地区商贸流通,加强保供基础设施建设,推动边境乡镇商贸流通扩容下沉、提质增效。加快边境地区供销合作社基层社发展步伐,使其成为畅通边境地区商贸流通堵点的重要力量。加快吉隆边合区、边贸市场基础设施建设,推动边民互市贸易场所标准化,提升服务边民互市的能力和水平。支持边境小城镇及物资储备设施建设,为边民互市贸易商品落地加工企业等提供流动资金、厂房建设、设施设备购置等贷款和用地支持。指导边境地区用足用好各类政策,引导边民将互市贸易进口商品销售给加工企业、供销合作社基层社或个人。

三、青藏地区中等收入人群收入增长的保障条件

本章依托青藏地区产业发展的基础,通过生产方式的改变,大力推进一二三产业融合发展向"六次产业"融合发展新局面,并通过对收入分配方式的改革,完善青藏地区收入分配制度,提高低收入人群收入,扩大中等收入人群比重,控制高收入人群收入水平,实现共同富裕。

(一)加强政策引导,促进经济高质量发展,是实现中等收入人群规模翻番的经济基础

习近平总书记指出,进入新发展阶段、贯彻新发展理念、构建新发展格局,

青藏地区的生态安全地位、国土安全地位、资源能源安全地位显得更加重要。要优化国土空间开发保护格局，坚持绿色低碳发展，结合实际、扬长避短，走出一条具有地方特色的高质量发展之路。因此，青藏地区应该立足高原特有资源禀赋，加快建设世界级盐湖产业基地，打造国家清洁能源产业高地、国际生态旅游目的地、绿色有机农畜产品输出地。要贯彻落实党中央关于新时代推进西部大开发形成新格局、推动共建"一带一路"高质量发展的部署，主动对接长江经济带发展、黄河流域生态保护和高质量发展等区域重大战略，增强经济发展内生动力。

总之，经济稳定增长是人们收入稳定增长的基础，人们收入的稳定增长可以促进中等收入人群的持续扩大。中等收入人群是一个国家经济的中坚力量，其拉动消费的潜力巨大。这是我国经济持续健康稳定发展的迫切现实需要。在构建这个良性互动的循环过程中，既需要国家政策的支持，也需要个人的努力。

（二）依托特色产业，促进产业融合，实现持续增收

2021 年 6 月习近平总书记在视察青海省藏毯产业时强调，青海发展特色产业大有可为，也大有作为，要积极营造鼓励、支持、引导民营企业发展的政策环境。要加快完善企业创新服务体系，鼓励企业加大科技创新投入，促进传统工艺和现代技术有机结合，增强企业核心竞争力。为推动农村产业融合发展示范园高质量发展，促进农民增收，2016 年国家发展和改革委员会下达青海省中央预算内投资 4000 万元，支持青海省湟源县、海西蒙古族藏族自治州漠河骆驼场国家农村产业融合发展示范园建设，有力促进农牧民收入增长。截至 2021 年，西藏三家产业园区入选首批国家农村产业融合发展示范园名单，分别是拉萨市曲水县国家农村产业融合发展示范园、林芝市巴宜区国家农村产业融合发展示范园、昌都市新区国家农村产业融合发展示范园。根据本书课题组西藏实地调研发现：通过特色产业发展，人均年增收超过 8000 元。

以青海省民和县七里花海为例，通过土地流转打造的七里花海景区是民和县乡村旅游示范点，位于青海省海东市民和县古鄯镇山庄村。七里花海景区规划面积共 60 公顷，计划总投资 8000 万元，将七里花海总体分为"一心、一廊、五区"，一心：地景公园服务中心；一廊：海棠花漫游走廊；五区：流泉花海观览区、冰雪山地运动区、药泉民宿度假区、七里滨河休闲区、奇幻儿童游乐区。七里花海所在的古鄯镇山庄村有 214 户 918 人，耕地面积 1957 亩，劳动人口 319 人，因山大沟深、广种薄收、人均收入普遍比较低，守着好山好水，却难以实现好收入。七里花海发展之初就以"企业+合作社+景区+贫困户"的发展模式，实

现人均月收入超过 2400 元。七里花海共流转山庄村土地 380 亩，荒山荒坡 600 亩，土地流转费 55.11 万元，流转费三年内最高 24516 元，最低 2718 元，2018 年支付劳务费 200 万元，2019 年支付劳务费 240 多万元，2020 年支付劳务费 260 多万元，诠释了"七里花海经济"助推旅游扶贫带来的喜人景象。

通过特色产业的打造和发展，青藏地区脱贫攻坚战役后，脱贫人群有了发展特色产业提供的就业机会，在家门口就可以实现就业，得到可持续的收入，逐步进入中等收入人群，也为中等收入人群稳步增收提供了可靠的产业收入保障。

（三）创新分配方式，优化分配结构，通过东西部协同发展实现增收

习近平总书记指出，要坚守人民情怀，紧紧依靠人民，不断造福人民，扎实推动共同富裕。要推动巩固拓展脱贫攻坚成果同乡村振兴有效衔接，加强农畜产品标准化、绿色化生产，做大做强有机特色产业，实施乡村建设行动，改善农村人居环境，提升农牧民素质，繁荣农牧区文化。因此要规范收入分配制度，调节过高收入，取缔非法收入。除了让广大低收入群体能凭借劳动实现收入向上流动，进入中等收入人群外，我们也要减少一部分不合理的高收入群体。如一些垄断行业和部分特权居民，凭借掌握的独有资源和权利获得过高的收入，通过走私贩私、偷税漏税、内幕交易等违法犯罪行为获得高额收益，这都是我们要控制和打击的。对违法行为获得高收入的个人和法人要坚决打击取缔，切断违法违规收入渠道。

以青海省黄南藏族自治州尖扎县德吉村为例，德吉村隶属于青海省黄南藏族自治州尖扎县，是一个易地搬迁村。2017 年，为了让贫困群众告别过去自然条件恶劣、交通不便的生活困境，当地政府在天津市政府帮扶下，在依黄河而建的易地搬迁安置点——尖扎县昂拉乡德吉村，修建了 251 套住房。来自尖扎县 7 个乡镇 30 个村的 251 户 946 名藏族群众走出大山，搬入新居。2017 年搬迁完成后，德吉村依托区位优势，积极探索扶贫易地搬迁与乡村振兴战略相结合，培育以乡村旅游为龙头，文化、光伏等产业深度融合的扶贫特色产业。如今的德吉村，休闲广场、码头、露天沙滩、花海、农家乐、小吃广场等旅游产业项目一应俱全。除了德吉村，当地政府还因地制宜实施了当顺乡古什当村、康杨镇城上村等 4 个地区的乡村旅游项目，直接带动贫困户就业 300 余人，间接带动 500 余人就业，贫困户人均增收 2500 元，让部分贫困群众在家门口吃上了"旅游饭"。2018 年，当地政府正式打造德吉村这座旅游特色村庄。德吉村以增加贫困群众收入、拓宽就业渠道为目标，开始探索"关门是家、开门是店"的乡村民宿经营

模式。笔者在调研中了解到：2020 年"五一"期间，卓玛太的民宿平均每天收入约 3000 元。现在他们一家七口，年收入从过去不到 1 万元增加到了 4 万多元。通过短暂的几年发展，德吉村获得了一系列荣誉：2018 年 10 月，德吉村被中国农业农村部评为"中国美丽休闲乡村"；2019 年 12 月，被中国生态文化协会授予"全国生态文化乡村"；2020 年 7 月，文化和旅游部、国家发展改革委确定了第二批拟入选全国乡村旅游重点村名单，德吉村名列其中，成为当地的旅游名片；2021 年 2 月，被国务院授予"全国脱贫攻坚先进集体"称号。

德吉村模式是典型的东西部协同发展共同富裕的经典案例，通过易地搬迁打造乡村旅游产业并围绕旅游产业拓展相关餐饮住宿等多产业的融合，实现了农牧民的持续增收，由贫困户转变为中等收入者。

（四）优化收入结构，扩大中等收入人群数量

中等收入人群的扩大和增收，其核心是要缩小收入差距，避免两极分化。如果收入差距没有缩小，平均收入水平的提高并不会带来中等收入人群的扩大，反而会朝着"中间小两头大"的"M"形发展。没有中等收入人群作为中间的缓冲地带，贫富两极分化将促使社会矛盾和冲突进一步激化。因此，青藏地区一是要积极推进城镇化建设，加快城乡融合发展，缩小城乡收入差距，增加中等收入人群比重。二是实现教育公平化，提高整个社会的人力资本积累。三是扩大就业门路，提升劳动者的就业能力和职业技能。

第二节　促进青藏地区中等收入人群增收的路径

综观国内外关于增收路径的研究，较为常规的路径主要包括：一是持续加快发展经济，实现体制、机制创新性突破；二是完善社会保障，逐步提高低收入者进入者收入水平；三是加强健康教育，深化医疗改革，避免因病致贫；四是继续加强对少数民族群众和民族地区的扶持；五是合理优化收入分配机制，扩大中等收入人群比重；六是发展教育（包括创业教育和职业技能培训），加大人力资本投入；七是统筹城乡发展，推动农村人口向城市转移。本书结合习近平总书记2021 年对青海和西藏视察时提出的发展定位，并结合青藏地区特殊的生态环境、地理环境和人文环境，提出独特的增收路径。

当前青海、西藏两地对于中等收入人群的增收方面，已经进行了比较全面的实践探索，各个领域的产业发展也取得了较为明显的进步，对于当地农牧民增收做出了突出贡献，下面紧密围绕青海省"四地建设"和打造"八个新高地"的契机①，以及西藏关于中等收入人群增收的实践经验，对两地促进中等收入人群增收路径进行分析。

一、依托国家"十四五"规划实现增收

到2035年我国中等收入群体达到8亿人，每年需要增加近3000万人，测算可知青藏地区每年需要增加19万人左右，要实现这一目标：

一是加快以产业发展为支撑的乡村振兴步伐。突出抓好家庭农场经营者、农民合作社带头人的培育，推动农村创业创新带头人、农村电商人才、乡村工匠的培育，促进乡村创业，带动更多脱贫人口增收致富。通过创业，让农牧民大幅度增加收入，让其迈进中等收入群体。重点是加快发展特色种养、农产品加工，培育乡村旅游、农村电商、康养体验、农事体验等新产业新业态，延长产业链，提升价值链，打造供应链。

二是提供更多高质量就业岗位促进增收。通过就业实现持续稳定增收，是大多数低收入群体迈进中等收入群体的必经之路。

三是优化营商环境，借力"大众创业，万众创新"提高收入。要让中小微企业成为创造财富、吸纳就业的主体。提供良好的营商环境，保障中小微企业的合法权益，让中小微企业创业者成为中等收入群体的新主体。

四是完善社保体系、稳定收入和支出预期、降低预防性储蓄、促进消费。完善社会保险体系，通过社会安全网的构建，减少诸如失业、大病等对收入的冲击。

二、依托优惠政策实现增收

中等收入人群收入增长的前提是经济的高质量发展，而保证经济高质量发展的基础是政策引导。低收入群体是中等收入人群的"后备军"，帮扶这部分群体向上流动，是扩大中等收入人群的最直接的来源。通过实行专项救助政策，确保

---

① 四地建设：2021年习近平总书记考察青海工作时指出，"要立足高原特有资源禀赋，积极培育新兴产业，加快建设世界级盐湖产业基地，打造国家清洁能源产业高地、国际生态旅游目的地、绿色有机农畜产品输出地"。八个新高地：2021年9月青海省十三届十次会议提出，要打造全国安全屏障新高地、绿色发展新高地、国家公园示范省新高地、人与自然生命共同体新高地、生态文明制度创新新高地、山水林田湖草沙冰保护和系统治理新高地、生物多样性保护新高地。

低收入群体的基本生活和利益。政府可以从本地实际情况出发，充分发挥企业精神，出台支持创新创业政策支持体系（李毅等，2020）；通过小额担保贷款、就业创业培训补贴等措施，促进失业人员再就业，鼓励和支持困难群体自谋职业和自主创业；为低收入群体提供医疗救助和保障，扩大住房援助政策等（胡西武等，2020）。另外，对低收入群体给予适当的物价补贴，合理提高低保补助标准，使低收入群体从经济发展中得到更多的绝对收益。

第一，深入实施重点生态工程，多渠道促进农牧民增收致富。坚定贯彻"绿水青山就是金山银山"理念，坚持在开发中保护、在保护中开发，按照全国主体功能区建设要求，保障好长江、黄河上游生态安全，保护好冰川、湿地等生态资源；稳步开展重点区域综合治理。例如，充分发挥三江源国家公园"国家所有、全民共享"的核心定位，推进实施生态体验和自然教育、产业发展和特许经营等5个专项规划，发展以科研、科普、自然教育及探险为导向的生态服务产业，通过生态三产替代牧业一产，减轻草地的畜牧业承载压力。巩固强化生态管护员公益性岗位长效机制，建立长效稳定的公益性岗位资金保障，使公益性岗位成为牧民长期、稳定、固定的就业途径。适当提高生态补偿标准，增加牧民转移性收入，积极推动野生动物与家畜争食草场损失补偿试点工作，制定出台野生动物与家畜争食草场补偿管理、资金管理和绩效考核办法，建立多渠道野生动物意外伤害补偿机制。鼓励农牧民将草场、牲畜等生产资料，以入股、租赁、抵押、合作等方式流转，实现生态资源向生态资产转化，增加财产性收入。

2019年，青海省新增贫困人口生态公益性管护岗位2.53万个，累计安排4.36万个，户均年增收2.16万元。生态扶贫已成为贫困人口增收的重要渠道。青海省具有巨大的清洁能源开发优势，截至2021年3月19日，青海省清洁能源发电量达13613万千瓦·时，风电发电量达9318万千瓦·时，各类清洁能源的发电量均创历史新高，2018年清洁能源的发电的产值已达232.353亿元。在这背后，除了青海省拥有的得天独厚的自然条件以外，具有良性循环的发展模式也是其取得骄人成绩的一个重要方面。

青海省积极大规模地建设清洁能源发电设施，同时还积极与省外签订电力合作协议，着力构建起完整的清洁能源生产的产业链，以降低生产成本，清洁能源的输出与当地产业的发展之间能够形成良性循环，构建起综合性的增收体系（见表8-1）。

表 8-1 清洁能源业 "产业体系化+集群化" 增收模式

路径	内容
基本特征	青海省打造国家清洁能源产业高地，将进一步提高站位、开阔思路、立足青海、服务全国，进一步提升青海清洁能源产业发展的辐射力，增强带动力，扩大影响力，为全国提供可复制、可借鉴的方法经验，在全国做出示范。青海省融入西北电力市场，开展电价机制试点创新，积极构建以新能源为主体的新型电力系统，推动形成绿色产业体系，高质量打造青海国家清洁能源产业高地，为全国实现碳达峰、碳中和任务做出青海贡献
创新之处	依托清洁能源资源富集优势，优化发展布局，打造产业集群，在海西蒙古族藏族自治州、海南藏族自治州分别建成 3739 兆瓦并网光伏电站和 850 兆瓦水光互补电站，装机规模均为全球最大。成立青海省光伏产业科研中心，建成全国首座 "百兆瓦太阳能光伏发电实证基地" 和首个新能源大数据创新平台。在玉树藏族自治州、果洛藏族自治州等高海拔地区建成 10 千瓦以上独立光伏电站近 300 座，有效地消除了无电乡、无电村。大力实施农网升级改造项目，青南地区采用独立光伏供电的 6 个乡镇、56 个村实现与青海电网联网，"三区三州" 群众用电问题得到有效解决
基本模式	（1）盘活土地，采用 "光伏+养殖" 的发展模式； （2）多 "源" 开发，充分利用自然资源； （3）推进电力资源转换，促进青海省企业的转型升级
发展成果	水光互补光伏电站一年发电量达 14.94 亿千瓦·时，已经相当于龙羊峡水电站年发电量的 1/4。水电站的调峰调频性能，也因光伏电站的互补作用提高了约三成。青海在全省 8 个市州建设了 40 座集中式光伏扶贫电站，光伏扶贫项目装机总规模达 73 万千瓦，每年发电预期可产生收益 5.7 亿元，惠及 28.3 万群众。2020 年，青海省清洁能源发电量达 847 亿千瓦·时，同比增长 8.7%，清洁能源发电量占总发电量的 89%。从环保角度看，847 亿千瓦·时清洁电量，相当于替代原煤 3811 万吨，促进减排二氧化碳 6268 万吨

资料来源：根据相关资料整理。

第二，以新发展理念为引领，探索增收路径。努力探索 "一优两高" 的实现形式，形成以国家公园、清洁能源、绿色有机农畜产品、高原美丽城镇、民族团结进步 "五个示范省" 建设为载体，以生态、循环、数字、飞地 "四种经济形态" 为引领的经济转型发展新格局，努力开创现代化建设青海新征程。2020年，青海省立足贫困村旅游资源优势，每村安排旅游发展资金 300 万元，扶持 52 个贫困村发展乡村旅游业，旅游扶贫村达到 155 个，带动了 3.9 万贫困人口脱贫，使贫困群众走上经济发展与生态保护双赢的路子，促进生态生产生活良性循环。

西藏林芝素有 "藏江南" 的美誉，热带、亚热带、温带及寒带气候在这里并存，在得天独厚的气候环境下，造就了林芝与众不同的自然景观。林芝的嘎拉村正是位于桃花盛开正艳，分布范围最广的区域。数据显示，桃林总面积超过 500 亩，当地政府依托这一自然禀赋，发展起了生态旅游业。

通过开发与赏桃花有关的精品旅游景点和旅游线路，每年吸引了大量的游客，为该地区相关产业的发展注入了活力，带动了交通运输业、饮食服务业、民族手工业等产业的发展。2020年，集体经济总收入达到1004万元，人均可支配收入增至3.13万元，按照国家统计局发布的月收入2000~5000元称为中等收入人群这一标准①，嘎拉村的村民已步入了中等收入人群的行列（见表8-2）。可见，嘎拉村因地制宜，发展高原桃花经济是促进当地中等收入居民增收的有效路径。

表8-2　生态旅游业"土地流转+集体经济"增收模式

路径	内容
基本特征	嘎拉村创办起了西藏第一家"绿色银行"，当地居民可以通过收集可回收垃圾，在"绿色银行"兑换生活物品，这一举措调动了当地百姓的积极性，号召全民共同保护当地生态环境。在保护好自然环境的基础上，嘎拉村多措并举，还让当地百姓的钱袋子鼓起来
创新之处	每年"桃花节"的举办是吸引游客大规模前来观赏的一大举措，在这一措施下，2021年上半年旅游产业收入就达到了780万元。嘎拉村通过集体经营，对利润进行分红的形式，让百姓能够充分共享旅游业发展的红利。由于"桃花节"的举办与农忙时节错开，在"桃花节"闭幕时，当地百姓还可以通过从事自家的农牧业来获得额外的收入。在嘎拉村委会的引导下，当地还通过土地流转、入股分红等形式壮大集体经济，让百姓的收入来源更加广泛
基本模式	（1）通过土地流转、入股分红等形式壮大集体经济； （2）通过集体经营，对利润进行分红的形式； （3）通过从事自家的农牧业来获得额外的收入
发展成果	通过开发与赏桃花有关的精品旅游景点和旅游线路，每年吸引了大量的游客，为该地区相关产业的发展注入了活力，带动了交通运输业、饮食服务业、民族手工业等产业的发展

资料来源：根据相关资料整理。

第三，培育创新品牌，以品牌效应实现增收。有目标有目的，有重点有抓手，围绕绝对优势和比较优势，做到人无我有，人有我优；做好品牌宣传推介，在"人"上下功夫，提高生产者对品牌的追求和消费者对品牌的认知。要深化改革创新，深化供给侧结构性改革，推动形成以质量为导向的优胜劣汰竞争机制。2020年，西宁市投入6300万元，实施21个村旅游扶贫项目，打造了花海农庄、乡趣卡阳等一批乡村旅游品牌，带动811户贫困户、2777个贫困人口参与发展农家乐、乡村土特产品销售等实现脱贫。

珠峰脚下的日喀则基于这一发展模式，2018年旅游接待人数达695万人次，

① 统计局：月收入2000~5000元为中等收入群体［EB/OL］．［2019-01-25］. https：//baijiahao. baidu. com/s？id=1623619000728212087&wfr=spider&for=pc.

实现旅游收入 55.3 亿元，城镇和农村居民人均可支配收入分别达到 32989 元、10216 元①，如表 8-3 所示。这不仅让当地各类资源充分发挥作用，同时也让当地百姓的钱袋子更鼓了。截至 2020 年，日喀则已对接洽谈企业 30 余家，有 12 家企业有意向落户该地②。偏远地区通过招商引资，不仅能够进一步盘活当地经济，外来企业的落户，还能够带动当地就业，拓宽百姓的增收渠道。

表 8-3　珠峰文化创品牌增收模式

路径	内容
基本特征	从 2001 年至今，推出珠峰文化旅游节活动，着力打造"珠峰文化"品牌。在活动中，游客能够领略到独具特色的民族风情，通过当地打造的精品旅游路线观赏到日喀则的自然风光和人文景观，让游客在衣、食、住、行方面能够体验到"一条龙"式的服务
创新之处	日喀则不仅注重联动当地资源来发展经济，促进居民增收，同时还积极招商引资，善于借助外力，着力补齐当地发展中的短板，敢于探索增加居民收入的新路径。借助珠峰文化节，当地推出了商贸洽谈、旅游推介等活动，充分挖掘活动的商业价值
基本模式	（1）联动当地资源发展模式； （2）补齐当地发展短板，探索居民收入新路径； （3）推出了商贸洽谈、旅游推介等活动，充分挖掘活动的商业价值
发展成果	基于这一发展模式，日喀则 2018 年旅游接待人数达 695 万人次，实现旅游收入 55.3 亿元③，城镇和农村居民人均可支配收入分别达到 32989 元、10216 元④。这不仅让当地各类资源充分发挥作用，也让当地百姓的钱袋子更鼓了

资料来源：根据相关资料整理。

第四，加快建设"互联网+扶贫"模式，实现网络平台化增收。如青海紧紧抓住国际互联网数据专用通道和镜像服务器布局的契机，提升信息服务能力，推进 5G 网络和智慧广电建设，整合现有产业、企业和产品，与国际国内市场耦合，发展平台经济。2010 年以来，中国移动及青海移动承担了青海省果洛藏族自治州玛沁县的对口支援任务以及全省 11 个村的定点帮扶任务。中国移动网络+扶贫模式在青海落地开花，喜结硕果。2020 年中国移动发布了《中国移动"网络+"扶贫模式白皮书》，"网络+"是扶贫模式的名称，体现了中国移动扶贫工作区别于其他扶贫主体的基本理念和根本特征。"1+3+X"是扶贫模式的体系框架，涵盖了中国移动扶贫工作的主要做法和实现路径，也是实现增收的有效途径。

①④　新中国成立 70 年来日喀则经济社会发展综述［EB/OL］.［2019-12-02］. http：//xz. worker-cn. cn/10864/201912/02/191202120410200. shtml.

②　日喀则精准推进招商引资［N］. 西藏日报，2020-08-04.

③　第十七届珠峰文化旅游节开幕点燃群众文化热情［EB/OL］.［2019-06-19］. https：//baijiahao. baidu. com/s？id=1636743716467222190&wfr=spider&for=pc.

三、创新产业结构实现增收

发展产业是实现增收的根本之策，青藏地区要因地制宜，要把培育当地特色产业作为推动增收的根本出路，推进实现一二三产业融合发展向"六次产业"融合发展的新格局，从而扩大收入来源，提高收入水平。放眼青藏两地依托特色产业或是发展种养殖，或是发展手工艺，或是挖掘新优势，传统的特色产业正焕发着崭新活力，昔日的贫困村正呈现出"人人有事做，家家有收入"的喜人局面。在产业转型升级、提质增效的过程中，以产业基地为载体，纵向延伸产业链条，横向融合发展，上下游产业深入对接，逐步构建起集聚发展、互为支撑的循环产业体系。例如，地处大山深处的西宁市湟中县拦隆口镇卡阳村，在短短一年时间里，通过"旅游＋文化＋体育＋农业产业"多产业融合发展的模式，从一个省定的贫困村，完成了全村 44 户贫困户全部增收的目标，人均收入从 3000 元上升到万余元。下面介绍三个已经取得较好增收效果的创新产业：

（一）拉面产业

青海省拉面产业是"走出去"脱贫致富走上小康路的典型，逐步按照"互联网＋拉面＋N"思路实现产业升级，规划建设了青海省扶贫拉面产业园，引导拉面成功人士返乡创业成立农业合作社带动贫困群众。实施"带薪在岗实训＋创业"计划，引导扶贫对象到全国化隆拉面馆从"跑堂"打杂干起，经过一年的实训培养成拉面匠，帮助贫困群众开办经营扶贫拉面店。青海省提出了建立"互联网＋拉面""合作制＋众筹制"的社会资本与扶贫资金相结合的合作模式、引进基金和投资基金建立融资平台等规划，坚持政府推动与市场化运作结合、扩面发展与提档升级比重、打造品牌与连锁经营共推的原则，突出规范化、品牌化、市场化的发展导向（见表 8-4）。

表 8-4　拉面经济"走出去"增收模式

路径	内容
基本特征	拉面经济是青海省各族群众增收致富最直接、最有效、最快捷的途径之一。拉面经济作为群众首创、政府引导、市场主导的产业，已形成集原料供应、物流、餐饮、技能、培训等于一体的产业链。未来，小小拉面馆将承载青海的宣传窗口、劳务输出的载体和土特产展销窗口的重要功能，进一步拉动青海经济发展
创新之处	以拉面产业园建设为重点，发展拉面产业链；以拉面行业协会建设为重点，增强产业合力；以拉面信息平台建设为重点，促进拉面经济"互联网＋"发展；以拉面经济发展基金建设为重点，增强拉面经济融资能力；以拉面经营者能力建设和人才队伍建设为重点，提升产业核心竞争力；以拉面文化建设为重点，提高产业影响力

续表

路径	内容
基本模式	（1）"互联网+拉面""合作制+众筹制"的社会资本与扶贫资金相结合的合作模式； （2）打造品牌与连锁经营共推的原则，突出规范化、品牌化、市场化的发展导向； （3）以树立和打响"青海拉面"品牌标识为重点，推动拉面店实现规范建设和品牌连锁经营
发展成果	海东市化隆回族自治县和循化撒拉族自治县，拉面经济收入已占到当地农民人均纯收入的70%以上，可以说拉面经济收入已成为青海省农民收入的主要组成部分

资料来源：根据相关资料整理。

经过30多年的发展，2017年青海省各族人民在全国280多个城市开办经营2.9万余家拉面馆，年经营收入180亿元，占全国餐饮营业收入的0.65%，是青海省内餐饮营业收入的近2.8倍；年纯收入45亿元，年工资性收入近40亿元，年转移输出农村富余劳动力18万人次。[①] 青海海东市通过创新产业结构，实行"互联网+拉面"等多种模式，促进拉面产业发展，实现了十几万人贫困人口通过开拉面店实现了增收目的，部分能人成功进入中等收入人群。

（二）绿色农牧业

青海省从省情、农情出发，以市场需求为导向，以提质增效为根本，大力推进农牧业供给侧结构性改革，稳步推进农牧业经济转型发展，通过调整农牧业产业结构，有力地促进了农牧民增收（见表8-5），一批农牧民脱贫致富进入中等收入人群。截至2020年，青海省农村居民人均可支配收入达5957元，同比增加520元，增长9.5%。全省全年牛羊分别出栏226.52万头、832.46万只，同比增加42.74万头和19.12万只。全年肉类产量达到46.42万吨，增长2.7%，蛋、奶产量分别达到3.36万吨、45.76万吨。

表8-5　绿色农牧业"改制"增收模式

路径	内容
基本特征	青海省发挥农牧结合的特点，优化种养结构、产品结构和区域布局，打造以西宁、海东为一体的东部特色种养高效示范区，以海北、海西、海南为主的环湖农牧交错循环发展先行区，以青南三州为主的青南生态有机畜牧业保护发展区和沿黄冷水养殖适度开发带。坚持"为养而种，合理改种"，全省种植结构呈现出饲草、玉米、蔬菜面积稳中有增，料油、马铃薯、豆类面积相应压减的趋势

---

① 数据由中国拉面网提供。

路径	内容
创新之处	青海省积极构建"三区一带"农牧业发展格局,坚持集约化、有机化、品牌化方向,加快转变农牧业发展方式,走农业与牧业循环、规模经营与品牌效益兼得、一二三产业融合发展的特色之路,重点打造畜禽养殖、粮油种植、果蔬"三个百亿元"产业
基本模式	(1)"股份制""联户制""代牧制"等多种生态畜牧业建设模式; (2)突出牛羊肉、青稞、枸杞、冷水鱼等特色优势产业,打好特色农牧业牌,走绿色、高端、品牌、质量的兴农富民之路; (3)实施封湖育鱼,渔业增殖维护生态平衡
发展成果	2020年全省农作物总播种面积55.7万公顷,较上年有所增加。预计全省粮食总产达到112万余吨,较上年增加1.2%,连续12年保持在100万吨以上。油料总产29.71万吨,基本持平;蔬菜总产151.4万吨,增长2.02%

资料来源:根据相关资料整理。

(三)盐湖产业

经过几十年的艰苦努力,青海盐湖产业不断创新产业结构,目前盐湖工业已形成钾盐、钠盐、镁盐、锂盐、氯碱五大产业集群,尤其近年来镁、锂生产的装备、技术和工艺取得重大关键突破,相关产业链条正在加紧布局、加快延伸,盐湖产业正在显示无限的发展潜力与美好前景(见表8-6)。

表8-6 盐湖产业循环经济体系增收模式

路径	内容
基本特征	青海盐湖工业已形成钾盐、钠盐、镁盐、锂盐、氯碱五大产业集群,钾肥生产基本成熟稳定,无论是技术工艺水平,还是生产规模,均处于全球领先地位,盐湖工业作为振兴青海经济的四大支柱产业之一
创新之处	在创新之手的推动下,青海盐湖工业实现"变道超车",盐湖资源开发利用逐步由粗放向精细转变,由单一向综合转变,初步形成了盐湖资源深度开发与能源化工、有色金属、新能源、新材料产业耦合发展的循环产业体系。近几年,盐湖股份进军循环经济领域,深加工产品不断涌现
基本模式	(1)拓宽新业态,与旅游业相融合; (2)与时俱进,以"互联网+"模式开拓市场; (3)进行多元化经营,推进盐化结合
发展成果	研发了世界上低含量超高镁锂比卤水高通性吸附剂;建成最大规模卤水10万吨电解法装置等多项世界第一,使青海柴达木盐湖提钾处于国际领先水平。有"无机盐宝库"之称的察尔汗盐湖

资料来源:根据相关资料整理。

到 2025 年青海省各类盐资源总储量将达 600 亿吨，氯化钾产能将稳定在 85 万吨，金属镁产能将达到 20 万吨，纯碱产能将达到 600 万吨，碳酸锂产能将达到 10 万吨。届时，盐湖产业产值将达到 1000 亿元以上。盐湖产业的创新发展，将会带动产业链上下游几十万人就业人员增收，也为中等收入人群的持续增收提供了保障。

四、改革分配制度实现增收

规范收入分配制度，调节过高收入，取缔非法收入。除了让广大低收入群体能凭借劳动实现收入向上流动，进入中等收入人群外，我们也要减少一部分不合理的高收入群体。如一些垄断行业和部分特权居民，凭借掌握的独有资源和权利获得过高的收入，通过走私贩私、偷税漏税、内幕交易等违法犯罪行为获得高额收益，这都是我们要控制和打击的。对违法行为获得高收入的个人和法人要坚决打击取缔，切断违法违规收入渠道。

第一，努力缩小收入差距。近年来，青藏地区城乡收入差距呈现扩大趋势，要采取有效措施遏制这一趋势继续扩大，并持续采取有力措施实现乡村振兴，使城乡居民收入差距进一步缩小。同时要通过继续强化区域经济协调发展，加大中央财政转移支付力度，富裕地区帮扶发展落后地区等多种政策，扶持落后地区发展，提高这些地区劳动者收入水平，逐步缩小区域间收入差距（胡西武等，2020）。例如，青海藏毯产业通过政府一系列帮扶措施，经济效益不断提高，也为农牧民增收开辟了一条新路，为缓解就业压力开拓了一个新的领域。根据数据显示：青海藏毯的产值每增加 100 万美元，就可以新增养殖、剪毛、分选、收购、编织、整理等就业机会 1600 个，人均每年可增收 3300 元。① 截至 2007 年底，青海省有 390 个村建设了织毯车间，为农牧民就近转移提供工作岗位 3.3 万个（见表 8-7）。

表 8-7　藏毯产业政府培育增收模式

路径	内容
基本特征	2003 年，青海省政府把藏毯列入全省主要产业之一，制定扶持措施加快发展。具有悠久历史的藏毯，现在已从牧区作坊、农家小院逐渐走向世界舞台，步入产业化发展道路。近年来，青海省藏毯产业快速发展，已跃居世界领先地位，以此为依托，青海省成功地举办了 4 届青海藏毯国际展览会，在国内外市场产生了很大反响

① 青海藏毯步入产业化发展的路径探析［EB/OL］.［2008-04-14］. http：//news. sina. com. cn/0/2008-04-14/232913735006s, shtml.

续表

路径	内容
创新之处	把扶持藏毯产业做大做强与扶贫工作紧密结合起来，通过龙头企业带动乡村的半成品加工生产，以市场为导向，不断研发新产品、拓宽市场销售渠道，转移贫困地区劳动力。如省内的藏羊集团、雪舟三绒等骨干龙头企业在做大做强藏毯产业中，积极吸纳周边地区贫困群众劳动力，增强吸纳劳动力转移的能力，切实担负起企业的社会责任
基本模式	（1）推动"藏毯村""藏毯乡""一村一品"产业扶贫项目建设工作； （2）建立起了"合作社+农户+致富带头人"的模式，为带动当地村民脱贫致富拓宽了路子； （3）积极吸纳周边地区贫困群众劳动力，增强吸纳劳动力转移的能力，切实担负起企业的社会责任
发展成果	如今，青海藏毯品种已经发展到 15 个系列 84 个品种、千余个花色图案。目前，青海省藏毯产销量以每年 30% 的速度递增。2007 年，青海省藏毯生产企业发展到 11 家。手工编织藏毯新增生产能力 16 万平方米，年总产达到了 58 万平方米，完成出口创汇 3275 万美元，内销 2633 万元人民币

资料来源：根据相关资料整理。

　　第二，要扩大中等收入人群。加大技能培训力度，各类用人单位要继续贯彻落实以增加知识价值为导向的收入分配政策，使专业技术人员、技能人员和经营管理人才等群体的收入能够与其所做贡献相匹配。在经济发展中，要继续推动经济结构、产业结构调整，促进升级换代、优化产品供给。在职业结构、岗位结构和人力资源结构优化调整基础上，继续实行将技术、技能、管理等要素获得与其贡献相匹配的优化收入分配政策，这是扩大中等收入人群的根本途径。例如，青海"袁家村·河湟印象"项目，已经建成五大板块之一的"乡愁民俗板块"，也是该项目的核心区域（见表8-8）。

表8-8　生态旅游文化多产业互补融合一体化发展增收模式

路径	内容
基本特征	"袁家村·河湟印象"从布局上主要分为游客服务中心、传统民宿、藏族农家乐（安多人家）、撒拉族农家乐、土族农家乐、老式茶馆、河湟戏楼、城隍庙、财神庙、魁星阁、河湟小院、河湟剪纸、西北各民族传统美食、各种老作坊（酒坊、醋房）、休闲养生院（云净合院）、电影拍摄基地、摄影工作室、文创公司、现代酒吧、祈福钟、平安古驿和以前的硒岛生态园融为一体，再现了"清明上河图"繁华富饶情景

续表

路径	内容
创新之处	（1）乡村振兴与物质文化的耦合。青海"袁家村·河湟印象"的建设与运行，既是乡村振兴战略具体实施，又是传承当地传统文化的主要途径，更是乡村振兴与民族文化的耦合； （2）乡村振兴与精神文化的耦合。"设神理以景俗，敷文化以柔远"诗文所主张的文化精神，非常形象地反映了"袁庄村"模式通过构建"平安"祈福文化，传播河湟文化，振兴乡村经济； （3）乡村振兴与制度文化的耦合。青海"袁家村"制度文化具体体现在现代旅游文化公司制度下运行的新模式。它不同于陕西"袁家村"，不是由村委会管理下的全民参与形式的乡村旅游模式
基本模式	（1）通过文化模式推动乡村经济发展，加快乡村城镇化步伐； （2）城镇化的发展为农民增收，农民市民化转化提供了动力机制； （3）聚集更多公司，互动发展模式将改变当地经济发展单一的局面
发展成果	到2019年上半年，共接待游客40万人次，餐饮收入达1642.3万元，旅游收入958.31万元。可见，"袁家村"模式的推广与运行是成功的，其产生的经济效益有目共睹，它将作为乡村经济发展的新模式值得研究与学习

资料来源：根据相关资料整理。

　　"袁家村"模式的成功运行与构建，将青藏高原特有的文化以产业集聚的方式展示在特定的区域，打造了集生态、旅游、休闲、养生、度假于一体的青藏高原文化"展板"。青海"袁家村"模式是一个浓缩版的"青海民俗文化博物馆"，是一幅极具特色的高原文化全景图。

　　第三，调节高收入群体。发挥好个人所得税等相关税收政策的调节作用，加快由分项个人所得税向综合个人所得税过渡，有效调节过高收入，缩小社会群体之间不合理的收入差距。

　　第四，充分发挥好三次分配手段。三次分配是在我们的道德、习惯体系下，一些高收入群体通过捐赠、慈善实现对于低收入群体的帮扶，它离不开激励、保障两大体系。青藏地区由于三元社会（城区社会、农区社会和牧区社会）（翟岁显等，2014）的存在，受海拔、生态环境、产业发展差异等诸多因素的影响，各地区人均收入差异较大，为了避免收入差距过大，通过三次分配主要由高收入人群在自愿基础上，以募集、捐赠和资助等慈善公益方式对社会资源和社会财富进行分配，是对初次分配和再分配的有益补充，有利于缩小社会差距，实现更合理的收入分配，确保中等收入人群稳步增收，实现共同富裕。

第九章　研究结论与展望

通过前面几章的研究，初步界定了中等收入人群，介绍了中等收入人群划分的理论与测量方法，分析了青藏地区中等收入人群的规模并总结了基本特征，比较了西北五省份中等收入人群比重，考察了青藏地区中等收入人群收入来源构成贡献度，测量了青藏地区促进中等收入人群收入增长的内在影响因素，预测了青藏地区中等收入人群收入变化趋势，探究了青藏地区中等收入人群收入增长的思路与对策。

第一节　研究结论

本书系统研究了青藏地区中等收入人群增收问题，得出如下主要研究观点：

一、主要观点

（1）无论是从绝对量还是相对量上看，青藏地区中等收入人群收入总体上有所上升，中等收入群体队伍有所扩大，响应了国家政策的号召，享受到了国家政策红利，向共同富裕迈出了坚实的一步。

（2）青藏地区城乡中等收入人群收入分布整体上仍显著呈"两头大，中间小"的分布特征，城乡两极分化程度日益加深，可比价下收入差距扩大速度明显比现价下的缓慢，基本呈现"扁平"状或"哑铃"状分布，离理想的"橄榄型"结构还有较大差距。如何形成"橄榄型"收入分配格局仍是青藏地区亟须解决的重大问题之一。

（3）青藏地区城镇中等收入人群比重低于全国城镇水平（34.08%），青海

（24.93%）低于西藏（30.16%）。青海农村中等收入人群比重（33.00%）低于全国农村水平（39.14%），且呈下降趋势。

（4）陕西、甘肃、青海和新疆中等收入群体比重一直小于全国水平，西北各省城乡中等收入人群比重相差不大，农村中等收入群体比重小于城镇，西北各省份中等收入基尼系数都低于0.4，且整体表现出下降趋势，但中等收入人群基尼系数基本高于全国水平。

（5）青藏地区城乡家庭年总收入和年总支出分布曲线整体呈现不同形态，青海和西藏内部差异较大，整体呈现出城乡收入差距巨大，城镇收入水平远高于农村。青海和西藏城镇家庭收入分布均呈"双峰"形，基本向中间收入靠拢，而青海和西藏农村家庭收入分布均呈严重"左偏倒钩"或"右侧拖尾"特点。由此可见，青藏地区城乡收入差距问题仍然十分显著，城乡收入差距巨大，城镇收入远高于农村。

无论是现价还是可比价下，青藏地区城乡中等收入上下限演化整体低于全国平均水平。在青藏地区经济持续发展和物价水平不断上升的背景下，尤其是西藏，更应该客观看待中等收入（现价）指数式增长的现象，进一步表明，可比价下的青藏地区农村中等收入区间更符合实际。

研究发现，与以往研究成果相比，考虑了价格因素之后，青藏地区中等收入上下限的演变趋势和收入分布曲线呈现出不同的特征，且可比价下的中等收入上下限测算更贴合青藏地区实际，这可能是本书的一个创新发现。

（6）不同收入来源对中等收入人群收入差距及收入差距变化的贡献度存在较大差异。以青海省为例，研究发现：工资性收入是青海各市州城镇中等收入人群的最主要收入来源，其次依次是经营性收入、转移性收入、财产性收入。青海各市州的中等收入农（牧）民收入来源均表现为以工资性收入和经营性收入为主，以转移性收入和财产性收入为辅。

（7）青藏地区农村中等收入居民收入呈缓慢增长趋势，但依旧远低于城镇中等收入人群收入。城乡中等收入居民的收入差距整体呈上升趋势，收入差距始终为正数，并呈现扩大趋势。

（8）影响青藏地区城乡中等收入居民收入差距变化的主要内在影响因素是转移性收入和财产性收入差距的变化。四种分项收入来源的收入差距扩大会引起青藏地区城乡中等收入居民收入差距扩大，且影响结果和程度不同。人均财产性和转移性收入对收入差距的影响最大，人均经营收入差距的影响最小。

（9）按照现价预测青藏地区城乡中等收入人群人均收入及收入差距在2020~

2035 年将呈"指数"型增长，增长速度较快，且青藏地区城镇中等收入人群人均可支配收入远大于农村中等收入人群人均纯收入。

（10）以不变价对 2020~2035 年青藏地区城乡中等收入人群人均收入及收入差距进行预测，其增长趋势较为平缓，扩大速度缓慢，纳入价格因素后，中等收入人群人均收入的未来趋势差距较大。

（11）总结提出的四条增收路径和八种增收模式，为青藏地区中等收入人群增收指明了方向，也为其他民族地区和非民族地区增收提供了范例。

由此可知，不变价青藏地区城乡中等收入居民的收入及收入差距预测更符合青藏地区的实际情况，其原因在于：不变价城乡中等收入居民人均收入剔除了物价上涨的因素，这一结论可以为未来青藏地区中等收入人群增收战略和政策制定提供更具可操作性的参考建议。

二、对策建议

本书结合 2021 年习近平总书记视察青海和西藏的讲话精神，提出青藏地区应该建立健全特色产业体系，探索一条全新的中等收入人群增收路径，帮助青藏地区克服区位、环境等不利因素，促进当地经济持续发展，助力中等收入人群可持续增收。

（1）围绕青海、西藏两地中等收入人群的增收方向，依托青海与西藏两地成功的增收和脱贫经验，借鉴可取、可用的促进中等收入人群增收方法，提出为促进青藏地区中等收入人群增收的具体方向。

（2）要充分发挥农牧民专业合作经济组织和能人示范作用，带动农牧民增收；要积极推进城镇化改革，统筹规划、合理布局，保证中等收入群体比重持续上升；要限制高收入群体，发挥好个人所得税等相关税收政策的调节作用；同时，通过第三次分配方式缩小高低收入者收入差距，实现共同富裕目的。

（3）青海要立足高原特有资源禀赋，积极培育新兴产业，围绕"四地建设"和"八个新高地"建设，即加快建设世界级盐湖产业基地、打造国家清洁能源产业高地、国际生态旅游目的地、绿色有机农畜产品输出地来促进中等收入人群增收。

（4）西藏在生态保护为前提下，重点依托旅游文化与高原生物、绿色工业、清洁能源、现代服务、高新数字、边贸物流"七大产业"大力推进实现中等收入人群增收。

（5）增收的政策保障：一是加强政策引导，促进经济高质量发展，确保增收；二是依托特色产业，促进产业融合实现增收；三是创新分配方式，优化分配结构，通过东西部协同发展实现增收；四是优化收入结构，扩大中等收入人群数量。

（6）增收路径提出四条路径：一是依托国家"十四五"规划实现增收；二是依托优惠政策实现增收；三是创新创业结构实现增收；四是改革分配制度实现增收。

第二节　研究展望

中等收入人群增收问题涉及面广，情况复杂，影响因素也在不断发生变化，因此，对这一问题的研究是一个不断变化的过程，本书也将继续关注并深入研究这一问题。

在调研中发现，按照统计数据测量中等收入人群不甚准确，由于青海和西藏是典型的三元社会（城镇、农村和牧区）（翟岁显等，2014），城乡中等收入人群实际差距比统计数据要大很多。本书在获得了国家调查队青海调查总队提供的青海数据，西藏数据多次沟通仍未获得，导致研究结论存在缺憾。在调研中还发现青海和西藏购买能力与内地存在较大差异。曾培炎（2010）研究指出，在拉萨，每100元人民币的购买能力仅相当于沿海地区的54元。中国藏学研究中心的一项研究也显示：西藏整体物价水平比全国平均水平高50%以上，经济发展成本比全国平均水平高出70%以上（中国藏学研究中心，2010）。青海物价水平比全国平均水平高出20%以上（主要是运输成本及其他成本）（李毅，2012）。根据牛文元（2007）的研究，如果把北京和上海的平均发展成本设定为1，则青海和西藏的发展成本分别是北京和上海的1.84倍和2.06倍。因此，在后续研究中，可在以下方面做进一步探讨：

一是需要编制"城镇居民收入状况调查问卷""农村居民收入状况调查问卷""牧民收入状况调查问卷"，对青海和西藏城镇居民、农民和牧民进行大规模入户调查，获取一手资料，填补以往受限于公共统计数据而无法进行的一些研究，揭示青海和西藏城乡中等收入人群收入差距的实际情况。

二是将青海和西藏城乡中等收入人群收入差距对涉藏地区社会稳定相结合进行研究，并对影响青藏地区城镇居民、农牧民收入水平的特征性因素进行探索性研究。

三是对青藏地区城乡中等收入人群的收入满意度进行测算和比较研究，系统研究生态移民后农牧民的收入满意度对生活满意度的相关性分析和回归分析，寻找收入满意度对生态移民整体福利的影响程度，以及对中等收入人群持续增收有什么影响。

参考文献

［1］ Adams R. Non-farm income and inequality in rural Pakistan: A decomposition analysis ［J］. The Journal of Development Studies, 1994 (31): 110-133.

［2］ Aziz J, Duenwald C K. China's provincial growth dynamics ［J］. Development and Comp Systems, 2001 (1): 1-22.

［3］ Benjamin J. The politics of aristotle: Introduction and translation ［M］. Oxford: Clarendon Press, 1885.

［4］ Bhalla S S. Second Among equals: The middle class kingdoms of India and China ［R］. Peterson Institute for International Economics, 2007.

［5］ Birdsall N, Graham C, Pettinato S. Stuck in tunnel: Is globalization muddling the middle class? ［R］. Brookings Institution, Center on Social and Economic Dynamics Working Paper, 2000.

［6］ Birdsall N. Does the rise of the middle class lock in good government in the developing world? ［J］. The European Journal of Development Research, 2015, 27 (2): 217-229.

［7］ Blackburn M, Bloom D. What is happening to the middle class? ［J］. American Demographics, 1985, 7 (1): 19-25.

［8］ Burkbauser R V. Income mobility and the middle Class ［M］. New York: The AEI Press, 1996.

［9］ Castellani F, Parent G. Being "Middle-Class" in Latin America ［R］. OECD Publishing, 2011.

［10］ Centers R. The psychology of social classes: A study of class consciousness ［M］. Princeton: Princeton University Press, 1949.

［11］ Chakravarty S R. Ethical social index numbers ［M］. New York: Springer

Verlag, 1990.

[12] Duncan O D. A socioeconomic index for all occupations [Z]. 1961.

[13] Easterly W. The middle class consensus and economic development [J]. Journal of Economic Growth, 2001, 6 (4): 317-335.

[14] Edwards A M. Comparative occupation statistics for the united states of sixteenth census [M]. Washington: US Government Printing Office, 1943.

[15] Erikson R, Goldthorpe J H. Intergenerational inequality: A sociological perspective [J]. Journal of Economic Perspectives, 2002, 16 (3): 31-44.

[16] Foster J E, Wolfson M C. Polarization and the decline of the middle class: Canada and the US [J]. The Journal of Economic Inequality, 2010, 8 (2): 247-273.

[17] Giddens A. The class structure of the advanced societies [M]. London: Hutchinson, 1973.

[18] Goldthorpe J H, Llewellyn C, Payne C, et al. Social mobility and class structure in modern Britain [J]. Ethics, 1987, 59 (4): 1310.

[19] Gordon. The disappearance of the middle class [Z]. 1958.

[20] Handcock M S, Morris M. Relative distribution methods [J]. Sociological Methodology, 1998 (28): 53-97.

[21] Hayami Y, Herdt R W. Market price effects of technological change on income distribution in semisubsistence agriculture [J]. American Journal of Agricultural Economics, 1977, 59 (2): 245-256.

[22] Jenkins S P. Did the middle class shrink during the 1980s? UK evidence from kernel density estimates [J]. Economics Letters, 1995a, 49 (4): 407-413.

[23] Jenkins S P. Easy estimation methods for discrete-time duration models [J]. Oxdord Bulletin of Economics & Statistics, 1995b, 57 (1): 129-136.

[24] John C, H Fei. Growth and the family distribution of income by factor components [J]. The Quarterly Journal of Economics, 1978 (1): 17-53.

[25] Kharas H, Gertz G. The new global middle class: A cross-over from West to East [J]. Wolfensohn Center for Development at Brookings, 2010 (3): 1-14.

[26] Kharas H. The emerging middle class in developing countries [R]. OECD Development Centre, 2010.

[27] López-Calva L F, E A Ortiz-Juarez. A vulnerability approach to the defini-

tion of the middle class [J]. The Journal of Economic Inequality, 2014, 12 (1):
23-47.

[28] Martinez E, Parent G. Middle class determinants in Latin America (2000-
2010): A gender perspective [R]. Working Paper, 2012.

[29] Massari R, Pittau M G, Zelli R. A dwindling middle class? Italian evi-
dence in the 2000s [J]. The Journal of Economic Inequality, 2009, 7 (4): 333-
350.

[30] McDonald J B. Some generalized functions for the size distribution of income
[J]. Econometrica Journal of the Econometric Society, 1984 (52): 647-663.

[31] Meeker M, Eells K. Social class in america [J]. Journal of Consulting Psy-
chology, 1949, 13 (6): 451-452.

[32] Milanovic B, Yitzhaki S. Decomposing world income distribution: Does the
world have a middle class? [J]. Review of Income and Wealth, 2002, 48 (2):
155-178.

[33] Mishra A K, El-Osta H S. Effect of agricultural policy on succession deci-
sions of farm households [J]. Review of Economics of the Household, 2008, 6 (3):
285-307.

[34] North C C, Hatt P K. Jobs and occupations: A popular evaluation [J]. So-
ciological Analysis, 1949 (10): 464-474.

[35] Parzen E. On Estimation of a probability density function and mode [J].
Math Statist, 1962 (33): 1056-1076.

[36] Paul C, Nehring R, Banker D, et al. Scale economies and efficiency in US
agriculture: Are traditional farms history? [J]. Journal of Productivity Analysis,
2004, 22 (3): 185-205.

[37] Pressman S. The Decline of the middle class: An international perspective
[J]. Journal of Economic Issues, 2007, 41 (1): 181-200.

[38] Ravallion M. The developing world's bulging (but Vulnerable) middle
class [J]. World Development, 2010, 38 (4): 445-454.

[39] Shi H L, Zhang Z H. Comparative study of yunnan farmers' property income
channels [J]. Tianjin Agricultural Sciences, 2014 (6): 14-19.

[40] Thurow L C. The disappearance of the Middle Class [N]. New York Times,
1984-02-05.

［41］ Wan G H . Changes in regional inequality in rural China：Decomposing the Gini index by income sources ［J］. Australian Journal of Agricultural & Resource Economics，2001，45（3）：361-381.

［42］ Warner W L. The social system of the modern factory ［M］. New Haven：Yale University Press，1947.

［43］ Warner W L. Yankee city ［M］. New Haven：Yale University Press，1963.

［44］ World Bank. Global economic prospects 2007：Managing the next wave of globalization ［R］. The World Bank，2006.

［45］ Wright E O. Class structure and income determination ［M］. New York：Academic Press，1979.

［46］ Wright E O. The debate on classes ［M］. London：Verso，1998.

［47］ Yang C J，Lan C S. On increasing farmers'income through employments in many channels ［J］. Journal of Qingdao Agricultural University，2007（2）：9-12.

［48］ 曹景林，邰凌楠. 基于消费视角的我国中等收入群体人口分布及变动测度 ［J］. 广东财经大学学报，2015（6）：4-15.

［49］ 柴宏蕊，王晓宇，周国富. 城郊农民收入的结构特征及对收入差距的贡献——以天津为例 ［J］. 天津经济，2019（3）：3-11.

［50］ 常兴华，李伟. 我国中等收入阶层比重的测算分析 ［J］. 宏观经济管理，2012（8）：33-35.

［51］ 常兴华. 城乡居民收入增长变化特点及促进收入增长的政策建议 ［J］. 经济纵横，2012（6）：32-34.

［52］ 陈风波，丁士军，陈传波. 基尼系数分解法与农户收入差异分析 ［J］. 华中农业大学学报（社会科学版），2002（4）：56-59.

［53］ 陈新年. 中等收入者论 ［M］. 北京：中国计划出版社，2005.

［54］ 陈有为. 基于离散 GM 模型和指数平滑模型组合的统计预测方法 ［J］. 统计与决策，2015，4（10）：74-76.

［55］ 陈远，王菲菲. 基于时间序列的电子商务市场预测系统研发 ［J］. 情报科学，2009，27（12）：1820-1823+1833.

［56］ 陈云. 居民收入分布及其变迁的统计研究 ［D］. 北京：首都经济贸易大学，2009.

［57］ 程丽香. 中等收入群体的界定与测度：一个文献梳理 ［J］. 中共福建省委党校学报，2019（6）：105-116.

［58］狄煌．合理界定中等收入者［N］．经济参考报，2003-02-12．

［59］杜华章．城市化进程对农民收入及结构的影响分析——以江苏省为例［J］．山西农业大学学报（社会科学版），2011（10）：1116-1122．

［60］盖尔．约翰逊．中国农村如何向市场经济过渡［J］．中国农村经济，1993（5）：17-18．

［61］龚超．基于基尼系数分解的行业垄断与居民收入差距关系的研究［D］．济南：山东财经大学，2013．

［62］龚承刚，王梦，谢航．基于ARIMA模型的湖北省城乡居民收入差距的预测［J］．统计与决策，2014，4（15）：94-97．

［63］顾纪瑞．界定中等收入群体的概念、方法和标准之比较［J］．现代经济探讨，2005（10）：10-16．

［64］国家发展改革委宏观经济研究院课题组．中等收入者的定义和划分标准［J］．经济研究参考，2005（5）：2-8．

［65］国家发展改革委社会发展研究所课题组，常兴华，李伟．扩大中等收入者比重的实证分析和政策建议［J］．经济学动态，2012（5）：12-17．

［66］国家统计局城调总队课题组．6万—50万元：中国城市中等收入群体探究［J］．数据，2005（6）：39-41．

［67］何昇轩，李炜．金融素养对家庭和个人收入的影响研究［J］．中共福建省委党校（福建行政学院）学报，2020（3）：98-107．

［68］侯启缘．中间群体向中等收入群体转化的城乡差别——以财产性收入的增加为研究视角［J］．湖南行政学院学报，2019（5）：97-104．

［69］胡西武，黄蕾，张小义，李毅．应对气候变化下的青藏高原碳脱钩水平测度及碳达峰路径选择——以青海省为例［J］．青海社会科学，2021（5）：43-54．

［70］胡西武，苏云清，李毅．青海省城乡融合时空分异及影响因素研究——以城乡收入差距为视角［J］．青海民族大学学报，2020（4）：36-45．

［71］胡雪峰，王鹤．基于密度函数核估计法的城乡居民收入差距分析［J］．统计与决策，2009（9）：89-91．

［72］纪宏，陈云．我国中等收入者比重及其变动的测度研究［J］．经济学动态，2009（6）：11-16．

［73］纪宏，刘扬．我国中等收入者比重及其影响因素的测度研究［J］．数理统计与管理，2013，32（5）：873-882．

［74］贾艳敏．农村调查与中国农业合作化运动的加速［J］．广西师范大学学报（哲学社会科学版），2014，50（6）：143-17.

［75］寇宏伟，陈璋．中等收入陷阱的存在性讨论及跨越机制分析［J］．科学学研究，2020，38（9）：1579-1586+1705.

［76］李春玲．中产阶层的增长趋势［J］．学园，2008（1）：13-18.

［77］李春玲．中等收入群体的增长趋势与构成变化［J］．北京工业大学学报（社会科学版），2018，18（2）：1-7.

［78］李春玲．中国当代中产阶层的构成及比例［J］．中国人口科学，2003（6）：25-32.

［79］李春玲．中国特色的中等收入群体概念界定——绝对标准模式与相对标准模式之比较［J］．河北学刊，2017，37（2）：154-162.

［80］李春玲．当代中国社会的消费分层［J］．中山大学学报（社会科学版），2007（4）：73-76.

［81］李培林，张翼．消费分层：启动经济的一个重要视点［J］．中国社会科学，2000（1）：52-61+205.

［82］李培林，张翼．中国中产阶级的规模、认同和社会态度［J］．社会，2008（2）：1-19+220.

［83］李培林，朱迪．努力构建橄榄型的收入分配格局——基于2006-2013年中国社会状况调查数据的分析［J］．中国社会科学，2015（1）：45-65+203.

［84］李培林．关于扩大中等收入者比重的对策思路［J］．中国党政干部论坛，2007（11）：43-45.

［85］李培林．社会学视野中的中等收入阶层［J］．湖南师范大学社会科学学报，2003（4）：5-7.

［86］李强，徐玲．怎样界定中等收入群体？［J］．北京社会科学，2017（7）：4-10.

［87］李强，赵罗英．中国中等收入群体和中等生活水平研究［J］．河北学刊，2017，（3）：151-157.

［88］李强．关于中等收入阶层问题的研究［J］．管理世界，1992（6）：160-165.

［89］李强．关于中等收入人群和中等收入人群［J］．中国人民大学学报，2001（2）：17-20.

［90］李实．中国中等收入群体的规模及其变化趋势［J］．社会治理，2017

（6）：32-34.

[91] 李毅，苏云清，胡西武．民族地区企业家精神对收入差距的作用机理研究——基于青海省 2011～2018 年数据分析 [J]．青藏高原论坛，2020（3）：107-118.

[92] 李毅．基于收入来源的青海城乡居民收入差距分析 [J]．青海民族大学学报（社会科学版），2016，42（1）：150-157.

[93] 李毅．嵌入性视角的产业集群发展研究——以青海藏毯产业集群为例 [M]．北京：经济管理出版社，2012.

[94] 刘婧，张车伟和毛雪峰．中国 1991—2006 年收入分布的动态变化：基于核密度函数的分解分析 [J]．世界经济，2009（10）：3-13.

[95] 刘世昕．"十四五"期间将着力提高低收入群体的收入，扩大中等收入群体 [EB/OL]．[2020-10-30]．https：//www.so-hu.com/a/428355296_119038.

[96] 刘欣．中国城市的阶层结构与中产阶层的定位 [J]．社会学研究，2007（6）：1-14+242.

[97] 刘亚．我国中等收入群体规模测度及其影响因素分解研究 [D]．北方：北方工业大学，2016.

[98] 龙莹．中等收入群体比重变动的因素分解——基于收入极化指数的经验证据 [J]．统计研究，2015，32（2）：37-43.

[99] 龙莹．中等收入群体比重的测算及比较分析——基于北京市城镇居民住户调查微观数据 [J]．云南财经大学学报，2012a，28（5）：145-151.

[100] 龙莹．中国中等收入群体规模动态变迁与收入两极分化：统计描述与测算 [J]．财贸研究，2012b（2）：92-99.

[101] 陆学艺．当代中国社会阶层研究报告 [M]．北京：社会科学文献出版社，2002.

[102] 陆学艺．当代中国社会结构 [M]．北京：社会科学文献出版社，2010.

[103] 吕新业，冀县卿．关于中国粮食安全问题的再思考 [J]．农业经济问题，2013（9）：20-21.

[104] 罗楚亮．居民收入分布的极化 [J]．中国人口科学，2010（6）：49-60.

[105] 马强强．西北民族地区区域经济差异实证分析及其对策研究 [D]．

兰州：西北民族大学，2007.

[106] 牛文元．中国可持续发展总论［M］．北京：科学出版社，2007.

[107] 钱力．农村居民收入区域差异发展趋势预测——基于二次指数平滑法和 ARMA 模型分析［J］．中央财经大学学报，2014，4（7）：78-82.

[108] 秦晖．中国的农业问题并非产业经济问题［J］．中国乡村发现，2016（2）：78-84.

[109] 巴黎百富勤测算：中国的中产家庭户均财产为 31 万元［EB/OL］．［2004-02-19］．http：//www．qingdaonews．com/content/2004-02/19/content_2693577．htm.

[110] 屈小博，都阳．中国农村地区间居民收入差距及构成变化：1995—2008 年——基于基尼系数的分解［J］．经济理论与经济管理，2010（7）：74-80.

[111] 任碧云和王智茂．从中国国民收入增长路径看居民收入长效增长机制的建立［J］．中国特色社会主义研究，2009（2）：37-43.

[112] 宋建．中国中等收入阶层比例变化及扩大措施［J］．山东大学学报（哲学社会科学版），2015（2）：79-93.

[113] 苏海南．努力扩大我国的中等收入者比重［J］．宏观经济研究，2003（4）：12-14.

[114] 苏静，胡宗义，唐李伟，肖攀．农村非正规金融发展减贫效应的门槛特征与地区差异——基于面板平滑转换模型的分析［J］．中国农村经济，2013，4（7）：58-71.

[115] 孙立平．社会转型：发展社会学的新议题［J］．社会学研究，2005（1）：1-25.

[116] 陶莎，胡志华．单元化三级装卸搬运作业链集成优化的三层进化算法［J］．系统工程理论与实践，2014，34（8）：1971-1985.

[117] 王开玉，方金友．中国中等收入者研究［M］．北京：社会科学文献出版社，2006.

[118] 王薇．我国中等收入群体现状及其变动的测度与研究［D］．北京：首都经济贸易大学，2013.

[119] 王学力．个人收入差距的现状、问题和对策［J］．改革，2000（6）：92-100.

[120] 王一鸣．扩大中等收入群体是转方式调结构的必然要求［N］．光明

日报，2016-07-11.

［121］文宗川，李婷．基于收入来源的内蒙古自治区城乡收入差距研究［J］．数学的实践与认识，2017，47（4）：52-61.

［122］吴金凤，王宏杰．农村居民收入差距的趋势及其结构分解：2001—2013——基于江苏省苏南苏北的实证分析［J］．财政监督，2017（12）：89-94.

［123］吴晶英．促进内蒙古城乡居民增收的对策选择［J］．企业研究，2010（10）：72-75.

［124］吴开俊，胡阳光，王莹．努力不够还是负担过重？——珠三角 A 市随迁子女义务教育经费供求分析［J］．教育与经济，2019，4（1）：58-64.

［125］吴青荣．人力资本存量与中等收入群体比重协整关系的统计检验［J］．统计与决策，2015（23）：28-30.

［126］徐红明，王军．论我国中产阶层标准与和谐社会建设［J］．天津社会主义学院学报，2009（12）：42-44.

［127］徐建华，陈承明，安翔．对中等收入的界定研究［J］．上海统计，2003（8）：12-14.

［128］徐现祥，王海港．我国初次分配中的两极分化及成因［J］．经济研究，2008（2）：106-118.

［129］徐媛媛，孙浩，燕彬．农村人口年龄结构变动对居民消费的影响研究——以西北五省为例［J］．西北人口，2016，37（5）：112-118.

［130］许晓蕊．关于当前中国农村经济发展的分析与思考［J］．特区经济，2011（2）：169-170.

［131］杨凤娟，李亚冰，刘君阳．中等收入群体比重测度及其影响因素分解［J］．统计与决策，2020，36（20）：145-149.

［132］杨青，王晨蔚．基于深度学习 LSTM 神经网络的全球股票指数预测研究［J］．统计研究，2019，36（3）：65-77.

［133］杨青贵，王祎．论农村集体土地权益配置失衡及其制度矫正［J］．农村经济，2013（6）：42-45.

［134］杨仁德．城镇化进程中贵州农民增收问题研究［J］．现代化农业，2012（3）：41-42.

［135］杨修娜，卓贤．中等收入者的界定标准与规模估算［J］．发展研究，2019（1）：95-100.

［136］杨宜勇．如何稳定和扩大中等收入者群体［J］．理论学习，2010

（10）：52-53.

[137] 游丹丹，陈福集．我国网络舆情预测研究综述［J］．情报科学，2016，34（12）：156-160.

[138] 曾国安，胡晶晶．2000年以来中国城乡居民收入差距形成和扩大的原因：收入来源结构角度的分析［J］．财贸经济，2008（3）：53-58.

[139] 曾培炎．西部大开发决策回顾［M］．北京：新华出版社，2010.

[140] 翟岁显，等．青藏高原工业发展模式研究［M］．西宁：青海民族出版社，2014.

[141] 张长生．后危机时代增加居民收入的重点与对策［J］．经济与管理，2010（2）：42-45.

[142] 张来明．中等收入国家成长为高收入国家的基本做法与思考［J］．管理世界，2021，37（2）：1-11+262.

[143] 张笑寒，金少涵．财政农业支出的农民收入增长效应——基于收入来源的角度［J］．南京审计大学学报，2018，15（1）：46-55.

[144] 张翼．当前中国中产阶层的政治态度［J］．中国社会科学，2008（2）：117-131.

[145] 赵永炜．提高劳动报酬比重是增加居民收入的主要途径［J］．北京市公会干部学院学报，2010，25（3）：41-44.

[146] 郑功成．扩大中等收入群体的要点与路径［J］．中国人大，2016（19）：30-31.

[147] 中国藏学研究中心西藏经济社会发展报告［M］．北京：中国经济出版社，2010.

[148] 如何实现2035年中等收入群体规模显著扩大［N］．中国审计报，2021-05-24.

[149] 周美多，颜学勇．转移支付类型对省内县际间财力不均等的贡献——按收入来源进行的基尼系数分解［J］．山西财经大学学报，2010，32（2）：22-30.

[150] 周晓虹．中国中产阶层调查［M］．北京：社会科学文献出版社，2005.

[151] 周晓虹．中国中等收入人群：现实抑或幻想［J］．天津社会科学，2006（2）：60-66.

[152] 朱长存．城镇中等收入群体测度与分解——基于非参数估计的收入分布法［J］．云南财经大学学报，2012（2）：63-69.

后 记

本书是一部系统研究青藏地区中等收入人群增收问题的著作，是在国家社科基金课题基础上修改完善而成。在书稿完成之际，课题进展中的一幕幕浮现在眼前。

2017年国家社科基金项目立项后，课题组积极准备调研和收集资料，由于课题组成员工作调离和研究生毕业离校等多种原因，两次重组课题组成员，导致课题研究进展缓慢。加之本人主持学院工作，2018年的学科建设、硕士学位点评估、博士点建设和本科教学水平评估等系列工作的叠加，导致课题研究被迫中断近1年时间。

2017年8月开始组织调研，2020年8月，课题组奔赴西藏调研，在西藏民族大学、西藏农牧学院和西藏大学师生的帮助下，我们入户调研，取得了大量宝贵的一手资料，为本书最终完成奠定了坚实基础。本书通过线上和线下调研的方式，获得了2000多份珍贵的一手有效问卷资料，这为本书的研究提供了数据保障！整个调研阶段花费2年多时间！

本书能够顺利完成，得到了众多师长、朋友、同仁以及家人的帮助。

首先，感谢我的课题组成员，他们是胡西武、冯琳琳、苏云清、陈文甲、陈兴涛、彭谞慧、孙爱存、马锴、张小义、徐振华、胡少瑞、高川茹、李民招和马自强。他们先后加入课题组，既是我的合作伙伴又是我生活中的挚友。没有他们真诚无私的帮助，我的课题无法顺利完成。课题组冒着高原反应和高原多变天气的影响，毅然进行入村入户走访，一份份问卷是他们辛勤的脚步换来的！回想每周五晚上的课题组组会，多少次围绕"中等收入人群"这个话题展开讨论到凌晨、多少次讨论该用什么方法测定、多少次为了修改问卷工作到半夜。白天忙碌一天，晚上加班加点统计和整理访谈记录，多少次完工时发现东方渐白。

其次，感谢家人的默默付出和鼎力支持。本书写作过程中遇到学科建设和本科教学水平评估工作，又遇到老人中风等特殊情况，学校行政管理工作琐碎而又繁重，照顾 2 个年幼孩子及老人的重任就全落在妻子一人肩上！回想起那段最艰苦的日子，这背后的心酸，只能对妻子说一声：您辛苦了！

再次，感谢调研中给予我们帮助的各界领导、老师、朋友和同学们。一是感谢青海、西藏各级领导干部和村委会干部，感谢西藏民族大学经管院王跃院长的鼎力支持，帮助我们对接西藏相关领导，并帮助我们组织西藏学生收集了大量线下问卷！感谢西藏大学高蕾老师的帮助，协助我们动员西藏本地学生收集了大量问卷！还有西藏农牧学院和西藏社科院老师们的鼎力支持，在此不一一列出。二是感谢国家统计局青海调查总队的鼎力支持，为本书的研究提供便利！没有这些贵人们的帮助，本书的研究就没办法进行下去！三是感谢参与本书研究的同学们，他们帮助我整理收集了大量资料，协助我做了大量文字整理和数据处理工作。四是感谢鲍江东博士在书稿修改过程中所做的大量工作！

最后，感谢学院的领导和工作人员对本书研究的支持、鼓励和鞭策，感谢学校科研部领导和老师们的无私帮助！感谢韩山师范学院教授（博士）科研启动基金的资助！

李毅

2023 年 6 月 16 日